格局力

換個角度，創造人生新高度

吃虧是福、難得糊塗、不慍不怒

用創新思維挑戰常規，走出平庸舒適圈！

從心態、胸懷、生活、人際關係等角度出發，

以深刻洞察和生活智慧，揭示人生格局的形成與塑造

周高華 著

目錄

目錄

第三章　心懷格局，海納百川有容乃大

目錄

第五章　拓展格局，思想有多遠路就有多遠

目錄

前言

什麼是格局？有這樣一個故事可以詮釋得很好：

在一家飯店的大廳裡，坐著兩位先生。甲先生拆開一支嶄新的手機準備試用，乙先生看到了就問：

「這是你新買的手機嗎？」

甲先生說：「哦，不是，參加活動送的。」

乙先生非常吃驚，接著問：「這麼好，免費送嗎？」

甲先生說：「是啊，品牌商做新品發表會，送的，就在樓上。」

乙先生說：「真的啊，那我也去看看。」起身就走了。

甲先生很尷尬，因為這個手機不是誰都送的，甲先生作為品牌商的特邀貴賓，當然會受到特殊待遇，可是乙先生卻認為手機是逢人就送。顯然，乙先生很愛貪小便宜。如果當時乙先生問一句：「為什麼品牌商要送你手機？你是做什麼的？」甲先生回答：「我們公司和這個品牌商有合作，我是這場發表會的特邀貴賓。」這一切就很好解釋了。

這就是格局。簡單來說，格局就是你價值觀的高度。

格局這個詞說來簡單，但是卻顯現在我們生活的各方面，工作、交友、閱讀，這些無足輕重的小事，處處彰顯著一個人的格局。

同樣跌落人生低谷，有的人能振作精神，再次勇攀高峰，有的人卻一蹶不振，就這樣頹廢地過完一生；同樣經歷生活的困頓，有的人可以樂觀面對，覺得風雨之後一定會看到彩虹，有的人卻不停地抱怨，以至於錯過一次又一次機會；同樣在為人生奮鬥，有的人目標明確，一步步走上人生巔峰，有的人卻如無頭蒼蠅般到處亂撞，毫無起色。

有人說，一個人的格局有多大，要看他受過多少委屈和磨難。

仔細想想，是這個道理。

人不是生來就擁有大格局的，而是經過磨難和委屈之後。精神的昇華是人生的寶貴財富。當你見過更廣闊的世界，交流過層次更高的人，便會明白眼下的一點點成績根本不值一提；當你經歷過人生的起伏，便會明白上天給我們一次次考驗，不是為了打垮我們，而是為了讓我們活得更寬容自在。

本書從心態、胸懷、生活、人際關係等角度出發，透過生動的事例，與你一起討論人生的智慧。希望閱讀本書後，你也能擁有同樣睿智的人生格局。

前言

第一章 格局有多大，世界就有多大

很多人都被自己心裡的枷鎖套住了，這個枷鎖就是「觀念」。想要擁有大的格局，就要勇於打破陳舊的觀念，這樣才能使自我完善，為自己找到新的舞臺。有位名人曾說過：「人的大腦裡蘊藏著豐富的寶藏，而『突破』是其中最珍貴的資源。」只要你勇於衝破束縛，人生大格局將在不遠處等你。

到底是什麼決定了你的人生格局

近年來，越來越多的人開始談論格局，都說一個人格局越大，成就就會越顯著。那到底是什麼決定了你的人生格局？說到這裡，先來看一個經典小故事：

工地上，甲乙丙三個建築工人正在刷牆，有人好奇地問他們在做什麼。

甲不耐煩地說：「沒看到在刷牆嗎？」

乙語氣溫和地說：「我們在建房子。」

丙笑容滿面地說：「我們正在建設城市新面貌。」

一晃十年過去了，當初刷牆的三名建築工人身分也發生了改變。碌碌無為的甲仍然還是粉刷工人；乙透過不斷努力學習搖身一變成為工程師；丙就更厲害了，開了一家房地產公司，成了甲乙二人的老闆。

這個故事說明了什麼呢？很簡單，就是格局。俗話說餅再大，也大不過烙它的那口鍋，不管你想烙大餅還是小餅，無疑都會受到那口鍋的限制。如果把未來比喻成這口鍋裡的「餅」，那麼人生能夠走多遠，達到一種怎樣的境界，則完全取決於這口「鍋」，而這就是格局。

所謂格局，就是從一個人思想的深度、境界的高度、胸懷的廣度、眼界的寬度所展現出來的修養與學識。

讀過的書，決定了你思想的深度

「書中自有黃金屋，書中自有顏如玉」，讀書自古以來就是人們所倡導的一件事，因為知識可以改變命運，知識可以讓人一展抱負。很多人常常會有這樣的想法：「雖然讀的書很多，可時間一長，大部分都忘記了，這樣看起來，讀書似乎也沒有多大用處。」

關於這個問題，網路上有一個回答引起了很多人的共鳴。原話是這樣說的：一個人

每天都會吃很多食物，但每天都會排泄，難道說吃進去的食物都白吃了，沒發揮任何作用嗎？錯，雖然排泄了大部分，但剩下的少數卻變成了人們身體所需要的營養，長成了血肉和骨頭。

「腹有詩書氣自華」，一個讀書多的人，其實書的內容早已深入骨髓，融進了他的血液和靈魂，並最終沉澱成一個人的修養與智慧。

著名作家三毛曾在《送你一匹馬》這本書中寫過這樣一段話：「讀書多了，容顏自然改變。許多時候，自己可能以為許多看過的書籍都成過眼煙雲，不復記憶，其實它們仍是潛在的。在氣質裡，在談吐上，在胸襟的無涯。當然，也能顯露在生活和文字中。」

這便是讀書的真諦。讀過的每一本書，它都會在日後的某一天、某一時刻悄悄地改變著你。喜歡讀書的人，情感是豐富的，思想是活躍的，談吐是睿智的，格局自然比那些不愛讀書的人要大很多。

走過的路，決定了眼界的寬度

一個人眼裡看到的世界，往往與他所走過的路有關。走過名山大川，踏遍萬里江河，見識人生百態，一個人看待問題的角度與認知便會寬廣一些。關於這一點，我們從下面這個小故事中或許會獲得啟迪。

初秋，三個乞丐坐在草堆上一邊晒太陽，一邊做著白日夢。年老的乞丐說：「要是有了錢，就全部拿去買吃的，把這輩子沒吃過的通通吃個夠。」

中年乞丐斜眼看了下老乞丐說：「沒出息，就知道吃。有了錢應該去買件加厚的羽絨服才對，這樣冬天就再也不用擔心被凍死了。」

聽完二人的話，小乞丐一邊哈哈大笑一邊說：「瞧瞧你們這沒出息的樣子，有了錢應學會享受，花錢請僕人伺候。」

三個乞丐互相取笑，都以為自己的眼界是最寬廣的，但其實也不過如此。如果一個人的眼界受到了局限，那麼他就會如井底之蛙，看到的永遠只有那一方天地，永遠也得不到進步。

這也是越來越多的年輕人寧願在一、二級行政區激烈的競爭環境中舉步維艱，也不願在鄉鎮市安穩度日的原因。因為一、二級行政區資源多、機會多、優秀人才多，生活在這樣一個大都市，你會時刻想著要進步要努力，要成為一個優秀的人。不然，你甚至

都會覺得對不起這大好的青春年華。

眼界決定一個人的格局，如果不試著走出去，你就永遠不會知道外面的世界有多精彩，你甚至會誤以為眼前所擁有的一切就是你的全世界。

見過的人，決定了你境界的高度

人的一生，難免會遇到形形色色的人，正所謂「近朱者赤，近墨者黑」，一個人境界的高度很大一部分都源於他所遇到的人。

如果身邊的人思想迂腐、行為古板，那久而久之，你也會沾染這樣的習氣；反之，如果遇到的都是有文化、有素養的謙謙君子，那你的個人層次也會不斷提高。

遇到的人不同，傳遞的思想與看待問題的角度自然也會不同，如此也就造就了不同的境界。可以說，一個人境界的高低與他未來的發展息息相關。

受過的氣，決定了你胸懷的廣度

人生不如意事十之八九，如果凡事斤斤計較，得理不饒人，那你每天便會有生不完

的氣，發洩不完的壞情緒。「誰人背後不說人」，即使你十全十美，也會有人羨慕嫉妒恨，無事生非。難道說，潑婦大街上罵了你，你就要立刻還回去？此種行為與潑婦又有何區別。就算你贏了、報復了對方，你就能快樂嗎？

既然如此，還不如忍一時風平浪靜，退一步海闊天空，用一種豁達而寬廣的胸襟去看待身邊的人和事。

提起胯下之辱，很多人就會想起韓信。但你知道胯下之辱是怎麼來的嗎？

早年的韓信，食不果腹，窮困潦倒。某天，他在街上遇到了一群惡霸。惡霸看到韓信的腰間別了一把佩劍，便挑釁地說：「今天你若有膽量刺我一劍，就讓你過去，否則，你就只能從我胯下鑽過去，這樣我才不為難你。」

圍觀的人都知道這群惡霸是故意羞辱韓信，不免有些替韓信擔心。哪知道，韓信略微思索了一會，便從那惡霸的胯下鑽過去了。頓時，在場的所有人紛紛嘲笑韓信沒骨氣，是個膽小怕事的窩囊廢。

後來，韓信一戰成名做了大官，對於昔日羞辱他的惡霸，他不僅沒有心生怨恨，反而以德報怨，還讓此人做了一名小官。眾人不解，但韓信說：「昔日他辱我，但我今日若

殺他，豈不是變成和他當年一樣的惡霸，冤冤相報何時了？」

有些人可能覺得韓信是為了生存才受此大辱，其實只是他心胸寬廣，懂得隱忍而已。胸懷寬廣的人，絕不會因為一時的榮辱而耿耿於懷，方寸大亂，他們目標明確、條理清晰，更懂得有捨才有得，會堅持不懈地朝著自己的目標勇敢前進。

一個人讀過的書，走過的路，見過的人，最終都會形成一種氣度與胸懷，影響著他以後的人生格局。心有大格局，才能站得高、看得遠，才能在人生的不斷歷練中擁有豁達而從容的格局，將自己的生活過得有滋有味。

你對待弱者的態度裡，藏著你的人生格局

格局的大小，從來都不是與生俱來的，更與身分、學識、金錢沒有半點關係，在於後天的修養與藏在心底的那份善良。正如一千個人眼中有一千個哈姆雷特，格局不同的人眼中看到的事物也有所不同，有人看到了青春美好，有人看到了善良堅韌，也有人看到了世態炎涼。

人為什麼要善良？因為善良會讓人變得胸襟寬廣、從容淡定，因為善良會讓人活得問心無愧灑脫自由。也正是因為心底的那份堅守與本能，使得一些善良的人不管經歷了怎樣的絕望與痛苦，依然不怨天尤人，坦然微笑著面對生活。

你對待弱者的態度裡，藏著你的人生格局。有一些人，凡事利益當頭，只知索取不知付出，在他們眼裡，誰有利誰就是值得他們攀附的對象。縱然他們贏了人生又如何？失了善良，迷了心智，被局限了的眼界自然狹隘，心胸不夠豁達，格局又能大到哪裡去呢？

歲月漫漫，芳華剎那。就像一個作家在小說的結尾時所說：「多年以後的老友聚會，別人都埋怨生活的苦難與上天的不公，但男女主角卻溫文爾雅、心平氣和，給人一種淡淡的幸福感，讓人看了，不免心生羨慕。」

雖然，每個人的格局都不同，但你對待弱者的態度，卻恰恰反映著你的人生格局。一個人的格局越大，眼界才會越寬，心胸才會越廣，才能處變不驚，平靜地看待身邊的人和事，才不會為了個人的利益去傷害他人來成全自己。

看似微不足道的小事，卻處處彰顯著你的格局

一個人的格局大小何以顯現？很簡單，透過他的處世方式便可明瞭。甚至還可以這樣理解：小格局的人，永遠以自我為中心，凡事必爭輸贏，希望自己永遠是贏的那一個；中等格局的人，懂得互幫互助，更希望與身邊的人雙贏；而最高格局的人，早已將名利置之度外，他們不在乎輸贏，反而更注重過程。

曾國藩說，謀大事者首重格局。人生在世，想成就一番作為，想活得轟轟烈烈，自然離不開大格局。生活中，一些看似微不足道的小事，卻處處彰顯著你的格局。

嚥下委屈，修練胸懷

小美哭哭啼啼地向表姐抱怨：「我想辭職，這工作做著真沒勁，實在是做不下去了！」表姐細問緣由，才知道了事情的始末。

原來，小美的上司一大早就讓她把一份急件的檔案送去給經理簽字，可直到下午，上司急著找她要的時候，那份檔案還沒有簽字。於是，上司當著部門員工的面狠狠地責罵了小美，指責她辦事不力，可小美卻委屈得直掉眼淚。因為她覺得，並不是她辦事不

認真，而是一整個上午，她根本就沒有看到經理，這要怎麼簽字呢？

或許，從小被捧在手心裡長大的小美，並不能完全理解「人生在世，難免會承受一些委屈」這句話的真正含義。

有位名人曾說過這樣一段話：「人生在世注定要承受許多委屈。一個人越成功，遭受的委屈也就越多。」相應地，一個人的內心能承受多大的委屈，以及對待委屈的態度直接反映著一個人的格局。

人們不是常說心有多大，舞臺就有多大嗎？大格局的人，會把每一次的委屈都當成生活的歷練，不驕不躁，泰然處之，化悲憤為力量，砥礪前行；而小格局的人則恰恰相反，受一點點委屈就四處抱怨，有的甚至放手不做了，在他們心中個人利益是永遠擺在第一位的。

殊不知，嚥下了委屈，修練了胸懷，浴火重生的，是你的格局。

承擔責任，修練胸懷

有責任心才會有擔當，有擔當才會心懷天下，頂天立地，任何時候都無愧於心。也

只有勇於承擔責任的人，才會高瞻遠矚，放眼更長遠的未來。而缺乏責任感的人，往往只想著敷衍了事完成任務，所以一不小心就失了信譽，丟了格局。

有一位在異鄉工作的老木匠，辛苦一生為老闆建造了好多漂亮的房子。

某天，老木匠覺得自己年事已高，於是向老闆辭別，說要回家鄉享受天倫之樂。老闆雖捨不得老木匠離去，但又不忍讓他繼續辛勞，於是便請他建造完最後一棟房子後再離開。老木匠雖滿口答應，但歸心似箭的他，卻完全沒有將心思放到工作中。明眼人一眼就能看出，這棟房子的建造水準與老木匠平時的水準相差甚遠，因為房梁是傾斜的，門框的邊也很粗糙，樓梯扶手的油漆也沒有刷均勻。

就在完工那天，老木匠正準備向老闆道別時，老闆卻將這棟房子的鑰匙送給了老木匠，說這是對他辛苦多年的獎勵。

這下老木匠驚呆了。他從未想過，這棟房子是送給他的，更沒有想到，自己一生為他人建造了無數品質上乘、精美實用的房子，到最後卻替自己建了這樣一個「豆腐渣」的房子。

可見，沒有責任心，再精湛的手藝也形同虛設。老木匠沒有負起責任做好最後一次的工作，以至於失了晚節，丟了做人的格局。

只有勇於承擔責任的人，才清楚地知道自己想要什麼，做人做事的態度才會更積極、更陽光。所以，一個人承擔的責任有多大，心中的格局便有多大。

承載使命，成就大我

如果說承擔責任是為了挺起那份擔當，那麼將責任與擔當無限放大，便成了一個人的使命。一個帶著使命感活著的人，哪怕只是一個普普通通的人，其人生格局也會更加廣闊。

提起白爺爺，很多人都會熱淚盈眶。他沒上過一天學，卻深知知識的重要性。從一九八七年開始，七十四歲高齡的白爺爺依靠自己微薄的收入，成功資助了三百多名貧困學子圓了讀書夢。

年近九十的白爺爺已經無法賺錢了。即使這樣，他仍然不停歇，又在車站幫人看車，靠著一點點零錢繼續為孩子們存學費，存夠了一筆錢就捐給學校。

一個冬天，白爺爺捧著便當盒裡積存的最後一筆錢來到當地的高中，對老師和學生

說：「我無法工作了，以後可能捐不了了，這是我最後一筆錢……」全校師生聽完都忍不住哭了。

九十三歲的白爺爺走了。出殯當天，自願送行的市民滿滿地圍了個水洩不通，都來送別他們最敬愛的白爺爺，這其中，很多人都曾受過白爺爺的恩惠。

對於白爺爺的選擇，很多人都替他感到不值得，認為他這個年紀應該在家安享晚年，但就如白爺爺自己所說：「我這樣活著，我覺得特別自在，滿好的。」

可能有些人覺得，只有那些名人、大人物才會擁有使命，普通人根本談不上使命。其實不然，同在一片藍天下，這世界屬於每一個人。就像一部電影的一句臺詞所說：「即使是一顆微不足道的小石頭，都有它的使命。」

所以，不管你有多平凡、多出色，也不管你是教師、工人、學生、老闆、服務生等，每個人都有自己的使命。只有勇於承擔使命的人，才會捨棄小我，成就大我，努力讓自己發光發熱，去照亮身邊的人，也只有帶著使命感生活，你的人生才會更加有意義。

逆襲而上，衝破原生家庭帶給你的束縛

有人說，孩提時代見過的人，看過的風景，都會存在於他的腦海中，並不斷豐富他的人生閱歷、充盈著他的生活。為什麼說原生家庭帶給孩子的束縛會對孩子造成深遠的影響？因為父母是原稿，孩子是影印稿，影印稿出了問題，原稿自然脫不了關係。

有的人踏入社會職場，遇事不焦不躁、鎮定從容；有的人總是慌張、手忙腳亂，遇到一點挫折就悲觀厭世、怨天尤人。之所以會這樣，與他們的家庭環境也有關。成長經歷不同，長大後擁有的人生格局也不同。

然而，成功不分早晚，逆襲不分先後，原生家庭帶給你的影響，都可以透過後天改變。

安妮從小生活在一個重男輕女的家庭，父母灌輸給她的思想便是：女孩子讀太多書沒有多大用處，只會浪費錢，因為遲早都要嫁出去的。儘管安妮的學業成績一直都排在全年級前十名，大學入學考時，以她的成績完全可以上一所好大學。但在父母的堅決反對下，安妮高中一畢業就開始工作了。

由於認知水準與眼界的局限，加上缺乏一技之長，安妮只好在餐廳做起了服務生。沒過多久，她因心地善良、勤勞熱情受到了老闆的賞識，被提拔為主管。身分發生了改變，安妮接觸的人也慢慢多了，眼界也變得逐漸開闊起來，她開始意識到父母灌輸給她的思想是錯誤的，並決心做出改變。

於是，閒暇之餘，她重新拾起書本，報名參加夜大進修並成功拿到了畢業證書。不僅如此，她還學習了烘焙、插花等手藝，不斷豐富自己的業餘生活。雖然，在此期間經歷了多次失敗，但她始終堅信失敗是成功之母，憑藉自己堅持不懈的努力，早晚會有成功的一天。

現在的她，早已不是那個父母眼裡只會浪費錢的女兒，反而成了父母的驕傲。她進了一家不錯的貿易公司，不僅工作上順風順水，而且還利用週末時間教授烘焙與插花。脫離了原生家庭的束縛，安妮的生活過得越發精彩與滋潤。

逆襲而上，衝破原生家庭帶給你的束縛，從心底跨過這道鴻溝，你才會擁有更大、更廣闊的人生格局。

不管身處何方，都別忘了讀書和學習

一位作家曾說：「書籍是人類進步的階梯。」讀書的好處並不是只限於學習書本知識，更多的是學習和累積經驗，陶冶情操、沉澱修練。

雖然說，知識不一定能改變命運，但不可否認的是，沒有知識，你一定改變不了自己的命運，你所讀過的每一本書，看過的每一段文字，學習的每一種技能，都將在日後影響你的人生格局。

越挫越勇，將每一次經歷都看做是一次提升

受到原生家庭的影響，很多人的眼界與思考會受到局限，以至於看待問題會以偏概全，但認識的人多了、經歷的事情多了，往來的交友圈廣了，思想與眼界也會發生變化。

所以，一定要試著走出去，你只有接觸不同層次與不同環境下的人群，才會發現外面的世界很精彩，生活不只是眼前的苟且，還有詩和遠方。

在此過程中，你每前進一步，都將面臨不同的挑戰，挑戰成功你便可欣賞到不同的風景。也只有在挑戰中越挫越勇，將每一次經歷都看做是一次提升，你才會不斷進步。

總結反思，成就更大的人生格局

原生家庭帶給你的小格局，雖然在一定程度上影響著你的言行，但這並不能成為你不思進取的藉口。你不能自以為是，把工作不順看成是上司的故意刁難；失戀分手是因為對方不懂得珍惜；出門不順是因為流年不利……

所有的藉口，其實都赤裸裸地顯示著你的失敗。你為什麼就不能試著做出改變呢？難道原生家庭帶給你的影響，你要背負一生嗎？這種想法是錯誤的，人只有學著自我進步，不斷總結與反思，才能成就更大的人生格局，塑造更好的自己。

每個人的出身都是無法選擇的，原生家庭帶給你的格局固然有限，但它決定的只是起點，你完全可以透過後天的努力來提升自己的格局，決定人生的方向。只要你想、你願意，又何須擔心眼前的困難與失敗呢？要知道命運掌握在自己的手裡，如果你不甘於平淡，想擁有人生的大格局，那麼不妨從現在起做出改變，假以時日，你會發現，你的修養與談吐，你的氣質與胸襟，會讓你在眾人之中脫穎而出，光彩奪目。

心有多大，舞臺就有多大

一位知名企業家上節目受訪時，說過這麼一句話：「先定一個小目標，比方說我先賺它個一億元。」

當普通人聽到這句話時，不免為之震驚，小目標是一億元？什麼概念？就算一輩子拚死拚活不吃不喝，也絕不可能賺到，可是這一億元對企業家來說卻只算是小目標。

這個關於目標的話題很快便在網路上引起了網友的熱議，網友們紛紛調侃，自己也要先定一個小目標，比方說在市中心買一間房子、出國旅遊、做大老闆等。不過調侃歸調侃，當一切歸於平靜，你就會發現，自己的目標與他人的目標還是存在著一定的差異。

差異之所以存在，其實就是因為人們對待事物的認知和想法不同。目光長遠，對待事物的整體認知也就更全面深刻，目光短淺，做起事情來就會瞻前顧後、畏首畏尾，思考與行動皆受局限。

就好比天橋下衣衫襤褸、邋裡邋遢的乞丐，對來來往往衣著光鮮、乾淨整潔的人視

而不見，卻整天盯著那些比自己「生意好」的人，甚至不惜為了搶奪地盤而大打出手，如此眼光與胸懷，除了做乞丐恐怕也做不了其他了。

一個公司小職員，因為學歷不高所以收入不多，日常生活精打細算，盡可能在黃昏市場或商家活動促銷時購物。久而久之，小職員的眼光便被這種占便宜的心理占據，根本無暇考慮怎樣提升自己的能力來增加收入，長此以往，小職員在事業上大概也很難有所成就。不同的人，看待事物的眼光與想法不同，最終的人生格局也完全不同。正所謂心有多大，舞臺就有多大，你的格局有多大，未來的世界就有多大。

如果把梔子花的種子放到普通大小的花盆裡作為盆景來栽培，即使施以再好的營養，也只能長到四十公分左右的高度；但如果把它放到一個特製的大花盆裡，它就會長到一公尺左右；如果把它移栽到大自然的土壤中，它便能長到三公尺以上的高度。

你看，同樣是梔子花，但生長的環境不同，最終的結局便有明顯的差異。這不正和做人的道理一樣嗎？只有心胸開闊目光長遠，才能站得高看得遠，事事洞察先機快人一步獲得成功；如果鼠目寸光，那思想上就猶如井底之蛙，坐井觀天卻永遠不知道外邊的天地有多寬多廣，於是停滯不前不思進取，最終碌碌無為，耗費光陰。

小李大學畢業後便進入一家公司實習。由於勤奮努力，踏實認真，五年之後他便當上了工廠主任。家人為此欣喜不已，小李也覺得苦日子熬出了頭。

有次同學聚會時，聊起目前的現狀，有位已經當了老闆的同學提醒他說：「老同學，以你現在的資歷，想要自立門戶當老闆，完全是小菜一盤呀！」聽到這話，小李心中泛起了漣漪，當時恰逢創業的高峰期，形勢一片大好，身邊的一些同學與朋友都選擇創業當起了老闆。

聚會結束後，小李回家與老婆商量這事。結果他老婆聽完之後，連連搖手說：「目前這樣不是滿好的嗎？萬一創業失敗了怎麼辦？搞不好兩頭空，還會失去這來之不易的成功呢！」

因為老婆的話，小李便打消了創業的念頭，繼續安於現狀做著他的工廠主任。一年又一年，轉眼十年過去了，廠裡也招收了很多年輕人，吸收了很多的新鮮血液，小李也變成了老李。不久後，廠裡進行人事調動，老李由於不能勝任目前的工作，工廠主任的位置被他人取代。憤憤不平的老李十分生氣，覺得老闆過河拆橋，有了新人忘了舊人，但不管他怎麼抱怨，這一切已是無法改變的事實。

時光荏苒，歲月如梭，如果你不朝著遠大的目標前進，只盯著眼前的這一點小小成就，把自己的未來局限在這狹小的空間裡，那麼終有一天，長江後浪推前浪，前浪會被後浪拍在沙灘上，最後被這個社會所拋棄。試想一下，如果小李當初對自己的職業生涯能有一個清晰而明確的規劃，對生活有所追求，也許十年之後他便成了老闆，決定別人去留的就是他了。

如果把人生比作放風箏，那麼你的思想與眼光便是牽引風箏的那根線，放了線，風箏才能自由翱翔，廣闊天空任其飛。人也如此，當你跳出狹小空間，走出去，你就會發現只要你願意，腳下的土地隨時都可以成為你施展抱負的舞臺。

目標的大小，對一個人的影響是深遠的。很多人由於害怕失敗，遇到困難挫折就選擇逃避，甚至覺得有些目標不可能實現。

實際上，這樣的人就是缺乏遠見。而那些目標明確的人卻恰恰相反，他們有遠見、有抱負，懂得把不可能變成可能，敢想敢做，清楚地知道自己的需求，所以他們沉著冷靜，積極應對，朝著自己的目標努力前行，最終守得雲開見月明，迎來成功的喜悅。

不同的思想境界，造就不同的人生百態

生活中，經常看到這樣的場景：有的人在餐廳吃飯，因為用餐高峰期上菜等待的時間太長而刁難服務生；外出遊玩，因為人多不小心被他人撞到，便破口大罵；與人聚餐，大吃大喝毫不客氣，一到買單就假裝上廁所、接電話；逛超市時，碰到免費試吃、試喝的便大快朵頤，不吃夠不罷休。

這樣的人，表面看來是占盡了便宜，實際卻失了做人的風度，以至於到最後，越來越不受他人待見，身邊的朋友也越來越少。

為什麼有的人僅僅因為一塊錢就可以在菜市場裡與人爭論不休，有的人即使受了天大的委屈也一笑置之，當做什麼事情都沒發生過？差距是顯而易見的，這便是思想境界的不同。

不同的思想境界，造就不同的人生百態。如果你不想碌碌無為，想要尋求更大、更好的發展，就應該放開自己，提升自己的思想，修練自己的境界。只有思想與境界提升了，你才會高瞻遠矚。對事業和成功有一個合理的規則，才能更好地掌握當下與未來的所有機遇，才能腳踏實地一步一個腳印，堅定不移地走下去，順利到達成功的彼岸。

提起下棋，相信很多人都不會感到陌生，在下棋的時候，很多人只知道攻和守，所

以大多時候只懂得走一、兩步。但境界高深的人，他總是能從對手走的每一步棋，成功預測出對方接下來所要走的每一步，從而採取有效對策輕鬆化解。而這都取決於境界的不同，因為境界修練到了一定程度，眼界自然就會寬廣，心胸也更加開闊，思考事情時總是能快人一步，領先於他人獲得成功。

思維越廣闊，人的思想、眼界、胸懷相應地都會得到提升，如此才會謀定而後動，處變不驚，知足常樂。反之，如果束縛了自己的思想，即使成功的機會擺在你眼前，你也將畏首畏尾難成大事，注定一輩子屈居人下。

有一名經常為富翁打理花園的園丁，看到富翁的生意越做越大，於是便向對方請教：「先生，您的生意遍布全國各地，事業做這麼大，真叫人心生羡慕。我可以向您請教一些創業成功的技巧與方法嗎？」

富翁點點頭，對園丁說：「好吧，那我們就從你擅長的園藝方面入手。我提供一塊一萬平方公尺的空地，用來栽種果樹，你的任務就是全心全意地照顧這園中的果樹苗，做一些灌溉、除草、施肥的工作，這中間需要的所有開銷都由我一人承擔。三年以後，當這些果樹開始結果時，就能為我們帶來可觀的收益，到時候我們五五分帳，用不了幾年，你就能成為一個小老闆了。」富翁一臉認真地說道。

誰知，園丁聽後一邊擺手一邊說：「不不不，我無法想像一下子管理這麼多果樹會是一種怎樣的情況，我從來都沒有想過要做這麼大的生意，這肯定會讓我應付不過來，我看還是算了吧！」

如果換作是你，這樣一個穩賺不賠的機會擺在你面前，你會捨得放棄嗎？會不會也像故事中的園丁一樣，僅僅因為沒做過這麼大的生意，就害怕了，不敢嘗試呢？為什麼不從思想上做出轉變，抓住這千載難逢的機會去改變自己的未來呢？

所以，千萬不要墨守成規故步自封，不然，你就會像那個園丁一樣，因思想的局限而躊躇不前，錯失了成功的良機。

要知道，機會轉瞬即逝，如果你不提升自己的思想境界，不敢牢牢抓住改變你命運的機會，最終你只能望洋興嘆，逐漸淹沒在擁擠的人群中。相反，如果你不甘於平凡，掌握住了這大好機會，你的思想境界也會因此而得到更大的提升。提升了思想，修練了境界，你會發現身邊的一切都變得更加有意義，你的每一次嘗試、每一次挑戰，都將碩果纍纍，收穫滿滿。

獨具慧眼，讓成功踏上捷徑

經常聽到身邊的人談論：某某眼光好，買的衣服、包包搭配起來很有品味；某某怎麼運氣那麼好，購買的股票一路上漲；某某真有先見之明，從小培養孩子的特長，現在孩子學以致用……看到身邊的人眼光獨到，先人一步享受生活的美好與成功，你是否心生羡慕呢？說到這裡，我想到這樣一個故事：

一個女孩彈鋼琴時把新買的蘋果手機隨手放在了鋼琴架上，身邊的同學看到後說：「炫耀給誰看呢，故意把手機放在這麼顯眼的位置。」

女孩面帶微笑地說：「我彈著價值百萬元的鋼琴，你視若無睹，卻只看到一支幾萬元的蘋果手機。」

女孩的媽媽淡淡地說：「妳又何嘗不是，住著價值千萬元的豪華別墅，眼中卻只有妳那百萬元的鋼琴。」

從這個故事中，你能看出什麼呢？毫無疑問，就是人們看待事物的眼界是不同的。眼界包括眼光與視界，二者相輔相成互幫互助。每個人眼界不同，眼中看到的事物也不盡相同。

航海家麥哲倫（Magellan）在決定環球航行時，很多人都不看好，紛紛勸他：「何必呢，放著安穩的日子不過，非要去海上經歷大風大浪。」這樣聽來，規勸的人似乎沒錯，也是出於對他的安全的考量，因為在這些人看來，環球航行並不能改變他們的生活。哪怕到最後，麥哲倫團隊成功完成了人類首次環球航行，對於目光短淺、眼界狹隘的人來說，還是沒有任何意義。

人生在世，不管是在工作中還是生活中，你的眼界到哪裡，世界就到達哪裡。只有目光長遠、眼界獨到，看到別人所看不到的，你才能有效規避錯誤，放眼更廣闊的未來。

眾所周知，蘋果公司之所以能有今天的輝煌，創造出 iMac、iPod、iPhone 等一系列風靡全球深受人們喜愛的電子產品，都離不開創始人賈伯斯（Jobs）的先見之明。在早期步入電子行業之時，賈伯斯就對消費市場有了自己獨到的見解與理念，並以此改變了現代通訊與電子數位產品的存在方式，由此也讓蘋果成為一個具有傳奇色彩的公司。

由此可見，只有眼光獨到，看待事物才會更精準。但不可否認的是，一個人的眼界

一定要建立在以事實為依據的基礎上，量力而行，切不可好高鶩遠、信口開河。只有以己之長補己之短，不斷提升自己的內在修養，你的獨具慧眼才能助你成就人生偉業。

虛懷若谷，不爭不搶笑對生活

有這樣一個有趣的故事：

一位果農，他培育了品種繁多的各色水果，尤其是他種的西瓜每年都能獲得西瓜評比大賽的冠軍。記者採訪他時，出於好奇便問：「您的西瓜為什麼每年都能脫穎而出獲得冠軍呢？」果農說：「因為我用心播種、用心栽培、樂於分享。」

一旁的其他果農聽了，滿臉的不高興，反問道：「你敢說你分給我們的種子和你田裡的是同一個品種嗎？如果是這樣，那為什麼你每次都能得第一，我們卻一次都得不到？」

果農平靜地回答：「種子當然是一樣的，只是心態的問題。我樂於分享，所以田裡的西瓜苗不會受到其他品種的影響。但你們就不同，因為不懂得分享，自家田裡的西瓜苗

就受到隔壁田裡不同品種的影響，口感與品質就會大打折扣！」

瞧，這就是分享的好處。農夫透過分享後，收穫了高品質的西瓜，但其他人藏著掖著，害怕別人田裡的收成超越自己，以至於一樣的種子種出了不同的品質。

越想擁有越容易失去，越計較成敗結果就會越失望。生活有時候彷彿故意刁難人們，你嚮往一帆風順的平坦大道，可前方偏偏荊棘密布，但當你放下執念，換種心態上路，你就會發現，路途豁然開朗，一片光明。

為什麼會這樣呢？因為烏雲遮住了太陽，嫉妒矇蔽了心智，所以你看不清事物的本來面目。而這就是一個人胸懷的顯現，心胸寬廣，對待身邊的人和事才會像獲獎的果農一樣，懂得分享的重要性。也只有虛懷若谷，不爭不搶笑對生活，你才能沉著冷靜地應對各種挫折與磨難，包容身邊的人或事。

一個胸懷寬廣的人，絕不會著眼於身邊那些雞毛蒜皮的小事，更不會阿諛奉承去拍他人的馬屁。他們懂得分享，知曉有捨才有得，更明白投桃報李、互惠互利。他們心胸開闊，不以物喜不以己悲，勇於面對生活的種種困難與挑戰。所以，他們更容易得到他人的尊重與喜歡。

而那些心胸狹隘的人，則和故事中的另一個果農一樣，別人對你給予了幫助，你卻懷疑對方的真誠，甚至抱怨身邊的人不是真心幫你。這樣的人，斤斤計較、小鼻子小眼睛，總想著將自己的利益最大化，費盡心思把時間浪費在一些微不足道的小事上，卻不知撿了芝麻丟了西瓜，因小而失大。

有位名人曾說：「氣度是一種胸襟和風度，一個人的氣度決定了他精神和事業的高度。」心胸寬廣擁有大氣度的人，他們外圓內方，無論何時何地，都不會被自己的情緒左右，不管順境逆境，他們都能坦然面對、泰然處之。

很多人常常認為，一個人心胸的大小與他的身分、地位有關，其實不然，胸懷、氣度關乎的是一個人的品德與修養。就比如一個高學歷的人可以利用他的學識得到一份體面的工作，但在為人處世上，他如果心胸狹隘、自私自利，也不會得到同事的喜歡與上司的賞識，更容易錯失升遷的機會；反之，一個人若心胸寬廣，具有容人之量，即使是在平凡的職位上，也能獲得他人的賞識與提攜。

提起曹操，相信很多人都聽說過他的事蹟。他之所以能成就一番偉業，都因他豁達的胸襟與寬廣的氣度。當年，劉備投靠曹操後，逐漸暴露其野心，而這對想要成就帝王偉業的曹操來說，無疑是多了一個強而有力的對手。當手下謀士程昱、郭嘉都力諫殺劉備，以免養虎為患時，曹操卻說：「劉備是一個不可多得的人才，不能殺。」

得有多大的胸襟與氣度，才能容得下競爭對手在自己的眼皮子底下，才能甘願放棄剷除對手的最佳時機？從這件事中不難看出曹操的容人之量。

心胸寬廣的人，從來不會為了一己私利而傷害他人，更不會因為他人的挑釁與刁難就心生怨恨，報復他人。他們從不會把自己的時間與精力浪費在一些無關緊要的事情上，他們知道什麼才是對自己最重要的，所以他們與世無爭，活得開心快樂。

正所謂「一念天堂一念地獄」，你若心胸寬廣，不斤斤計較，對待身邊的事物能大事化小，小事化無，得饒人處且饒人，那麼，你便能通往幸福的天堂，看見最美麗的風景；但如果你非要爭個輸贏對錯，太過於較真，太注重得失，不僅要面臨地獄般的痛苦與折磨，還會將自己的生活弄得一團糟。

法國作家雨果（Hugo）曾說：「世界上最廣闊的是海洋，比海洋更廣闊的是天空，比天空更廣闊的是人的胸懷。」也只有胸懷寬廣，笑對生活的得與失，你才能見識最美的風景，收穫最好的未來。

心態對了，幸福快樂也就跟著來了

心態在任何時候都是極其重要的，一個人若能處變不驚，時刻保持樂觀豁達的良好心態積極地面對生活，不僅自己能獲得快樂，還能將快樂傳遞給身邊的人。

如果你整天愁眉苦臉唉聲嘆氣，看什麼都不順眼亂發脾氣，恐怕沒有一個人願意忍受和包容你，因為心態不對，你對任何事物都會雞蛋裡挑骨頭——沒事找事。

倩倩所在的公司有一個同事，叫雪兒，人長得十分漂亮，但她的人緣卻非常差。不管是在工作還是生活中，雪兒都能將他人的好心情破壞到極致。A買了一個名牌包包，滿心歡喜與眾人分享，雪兒心生嫉妒便說：「你這包包真的不好看。」B假期出國旅遊了，秀了很多照片，雪兒便調侃地說：「國外能有什麼好玩的，到處都是人擠人。」C買了一輛車上班代步，雪兒也會說：「走路多環保呀，塞起車來像蝸牛爬一樣。」

不管同事們談論什麼話題，抑或是買了什麼、去了哪裡，雪兒總是會給予無情的打擊，說別人這個不好，那個也不好。久而久之，同事們便不再搭理她，只要一提起她，大家都不約而同地搖頭。

這就是心態沒有擺正所造成的結果。如果有一顆樂觀而豁達的平常心，能正確理性地看待他人的成就與得失，也就不會讓自己處於這種尷尬的境地了。

人生在世，難免會遇到比自己優秀、比自己出色的人，也難免會遭遇失敗、承受不公平的待遇，此時又該如何呢？難道要像雪兒一樣，讓嫉妒之心瘋長嗎？如若這樣，恐怕你之後的人生將永遠得不到進步，因為喜歡吹毛求疵的你容不下別人的任何優點與長處。

試問，你願意做一個原地踏步不思進取的人嗎？相信很多人都會說不願意。既然不願意，那就要做出改變，學會調節與平衡自己的心態，以一顆平常心來對待工作和生活，正確看待身邊的人和事，如此，你才能不斷進步，順利通向成功的彼岸。

一棵桃樹，頑強生長。第一年，結了十個桃子，被人摘了九個。桃樹懊惱，自己辛苦孕育的果實，卻被人輕而易舉拿走，不公平。想到這裡，桃樹便拒絕成長。

第二年，桃樹結了五個桃子，還是被人拿走了四個。「哈哈，看來只有結得少，才能拿得少。」這樣一想，桃樹似乎得到了心理平衡。但它不明白，如果自己有能力結出更多的果實，是不是得到的也就越多呢？

等你碩果纍纍掛滿枝頭時，之前的不公平與委屈都會被豐收的喜悅所取代。但你若繼續保持這種心態，那麼終有一天，你將成為燃燒後的那一抹灰燼。

人生是一個不斷成長與歷練的過程，滿腹牢騷並不會為你帶來任何幫助，你只有學會自我成長，學會平靜從容，以一顆平常心去看待生活，你才會發現生活的美好，享受生活的樂趣。

美國著名心理學家馬斯洛（Maslow）曾說：「心態若改變，態度跟著改變；態度改變，習慣跟著改變；習慣改變，性格跟著改變；性格改變，人生就跟著改變。」一個人的心態往往決定了他的生活狀態，只要心態擺正，坦然面對生活的苦與樂，幸福快樂也就跟著來了。

生氣不如自己爭氣

人生在世，既不能因為一帆風順而得意忘形，也不能因為窮困潦倒而心灰意冷。不管順境與逆境，都不要埋怨生活的不公，生氣不如自己爭氣，與其不自量力地與生活較勁，還不如用自己的實力說話，讓身邊的人對自己刮目相看。

隨時隨地擺正心態

生活的酸甜苦辣難免會讓你經歷五味雜陳的複雜心情，只有隨時隨地擺正自己的心態，你才不會被一葉障目，你才會撥開雲霧見月明，正確看待人生的得與失。

保持寬容之心

退一步海闊天空，忍三分心平氣和，不管何時何地，寬容都是一種美德，代表著一種容人之量。寬容他人不僅可以化解矛盾，還能愉悅自己的心情，也只有保持一顆寬容心，你才能得到他人的尊重與喜歡。

適時放棄收穫更多

命裡有時終須有，命裡無時莫強求。不屬於你的，不管你怎麼煞費苦心地強求，都不會屬於你。有句話說得好，有捨才有得，與其巧取豪奪，倒不如學會放棄。當你放下心中的那份執念後，你或許就會發現，適時放棄反而收穫更多，不僅可以放鬆自己疲憊而緊繃的神經，還可以讓自己成為一個快樂的人。

放飛心靈

如果你遇事斤斤計較，將自己的心情弄得差到極點，並且一直在惡劣的情緒中不停循環，那麼，你的內心還能有空間去容納其他嗎?放飛心靈，陶冶情操，清理不良情緒，適時地為自己營造一個舒適而放鬆的心理環境，你會發現，身邊的一切都是如此美好。

擺正心態，保持一顆平常心，這話誰都會說，但真正能夠做到的又有多少人呢?很多人在工作與學習的雙重壓力下，在花花世界的種種誘惑下，開始變得自私自利、爭強好勝、貪得無厭，從而將自己的那顆平常心拋之腦後，導致煩惱不斷，痛苦紛至沓來。

正所謂「世上本無事，庸人自擾之」，大部分煩惱與痛苦其實都是自找的，心態不對，看什麼都不順眼，別人做什麼在你眼裡都是錯;反之，擺正心態，用一顆平常心去看待身邊的人和事，你就會發現生活其實比你想像中有趣。心態對了，你才能理性地看待生活，在細微的小事中體會幸福，在平凡的職位上創造幸福，在人生的旅途中收穫幸福，從此快快樂樂過一生。

拓寬人脈，提升格局

單打獨鬥的獨行俠，也是人們常常說的個人英雄主義，很多人都有個人英雄主義的意識，認為自己可以不需要他人的幫助而成事。事實上，在當代，一個人是無法依靠自己的力量成功的。想要開拓事業，必然離不開他人的協助，離不開人脈。

無論一個人的能力有多強，離開朋友、缺乏人脈是難成大器的。常言道：「一根筷子易折，一把筷子不易斷。」一個人的才華和能力終究是有限的，即使能獲得成功，那也是短暫的。現代社會已經不再是獨行俠的年代，只有多交朋友，建立人際圈，事事講求合作雙贏，才能成就大事。

無論是在事業上還是生活上，每個人都需要人際圈和朋友。在生活中，你精神上的愉悅感和安全感來自於朋友的陪伴和慰藉；在事業上，你的成功離不開朋友的支持和協助。可以說，一個人能否走得夠遠，是否夠優秀，全看他有沒有人脈，身邊的朋友是否優秀，能否給予指點和幫助。

每個人或多或少會有壓力和困惑，有些人的確有能力獨自承受和排解。但是當你的壓力和困惑大到讓你吃不消時呢？你還要做單打獨鬥的獨行俠嗎？其實，你可以向你身

邊的親朋好友傾訴，他們會從與你不同的視角幫你舒緩壓力，排解困惑。

人雖然是獨立的個體，但是卻不能活在自己的孤島裡，因為很多事是一個人的力量無法完成的，要知道一個人的能力是有限的，單打獨鬥難以成事。聰明的人從不會將自己隔離在大眾之外，而會想盡辦法融入大眾，融入朋友社群，與他人合作。古語有云：「天時不如地利，地利不如人和。」當一個人占盡了天時和地利，但唯獨缺少人和，是無法成事的。

幾乎所有的成功者都不是單打獨鬥的，他們的身邊總是有那麼一個優勢互補的人際圈，有那麼一群團結合作的人。或許有些人會對他人的幫助或是與他人合作不屑一顧，認為自己沒有那麼大的野心，不需要成為什麼大老闆，也就不需要過多複雜的人脈交友圈。事實上，這種想法錯得離譜，在現今社會，人脈交友圈已經無處不在，合作也已經滲透於人們生活工作的各個角落。

常言道：「孤掌難鳴、獨木不成林。」一個人進入了社會，必然離不開人際圈，必須學會尋求他人的幫助，只有藉助他人的力量，才能成就自己。沒有能力和才華的人應該如此，有能力有才華的人也應該如此。即使一個人的能力再強，在社會中他也是渺小的。

小安是海外留學的高材生，畢業於美國麻省理工學院。剛回國時就被一家專門從事新能源開發的公司高薪聘請，擔任一個新能源應用專案的團隊負責人，團隊成員都是公司裡經驗豐富、專業能力強的優秀研究員。

公司對這個專案相當重視，因為這個專案能否成功突破，決定著公司是否能成為業界翹楚。公司領導階層都認為，以小安的學識和能力，以及這個專案團隊的能力，該專案在半年之內獲得突破是輕而易舉的事情。然而，半年過去了，這個專案不僅沒有獲得任何進展，反而整個專案組瀕臨瓦解，專案組內的成員有的請求調離，還有的甚至直接離職跳槽。這讓公司領導階層很是不解，經過了一番調查後才知道了原因。

原來小安一直以留學歸國菁英自居，認為自己掌握的業界尖端資訊和學識是專案組內其他成員無法比擬的，他總是看不起組內的其他成員，於是常常一個人沒日沒夜地躲在實驗室裡做研究寫報告。同時，小安認為公司領導階層對自己寄予厚望，自己必須用實際行動證明自己的能力，如果讓其他組員參與進來，勢必會稀釋自己的作用，最後獲得的成績也要白白分給那些不如自己的組員。

所以，小安從不讓那些實踐經驗豐富的組員參與到核心工作當中，僅僅讓他們做一些無關緊要的輔助工作，組員們認為跟著這樣個人英雄主義意識強烈的領導者無法實現

自我價值，不會有什麼前途，於是紛紛請求調離該專案小組或是跳槽。而小安本人雖然有海外專業學識和資訊，但是缺乏實踐經驗，對應用領域知之甚少，專業學識無法落實到實際的技術工作中，最後只能重回美國深造。

人們常說：「一個籬笆三個樁，一個好漢三個幫。」僅靠一個人的力量是難以成事的，即使渾身是鐵又如何，能打幾顆釘呢？小安就是因為忽視了團隊和他人的重要性，太把自己當一回事，才落得慘敗的後果。

所以，告別單打獨鬥的方式，放棄個人英雄主義的意識勢在必行。只有努力創造與人合作的機會，成功才會向你招手微笑。

在與他人的相互合作中，可以激發出自己的潛力，共創雙贏局面。而那些習慣單打獨鬥的人，必將會被當下經濟大潮的巨浪打翻。只有善於與他人合作的人，才能在競爭激烈的經濟社會中生存。

在茫茫人海中，每個人猶如一滴海水，不想乾涸，就必須融入大海，才能保持生命的活力。「一加一大於二」的道理我們都明白，只有摒棄單打獨鬥，懂得與他人合作，才能迎來成功的曙光。

第二章

從大格局出發，放眼全局找準定位

有的人做事目光短淺，涸澤而漁，殺雞取卵，結果卻因小失大。而有的人卻很清楚自己要什麼，他們明白大局為重，不計前嫌，最後獲得了成功。古人云：「成大事者不拘小節。」要擁有全局視野，眼界放長遠，才能擁有大格局。

換個角度，自然有出路

假如你身陷困境，經過多次努力後仍然沒有什麼起色，此時，你不妨換個角度看問題，也許就會柳暗花明。人生不可能永遠都一帆風順，當你面對困難的時候，不要總是做無謂的堅持，有時候，換個角度才能重新挖掘自己的潛力，找到解決問題的辦法，從而找到出路。下面的例子說的就是這個道理：

小江是一家外商企業的管理人員，他很喜歡這份工作，特別是這份工作為他帶來的豐厚薪水和成就感。但是，他非常討厭他的上司，一直以來他都極力忍耐，現在他發現自己已經到忍無可忍的地步了。

他不知道該如何解決這一難題，最後，經過深思熟慮，他決定跳槽。他找了一家獵頭公司希望謀求一份高薪的管理工作，獵頭公司看了小江的履歷後告訴他，以他的條件可以很輕鬆地再找一份類似的工作，讓他回去等消息。

回到家後，他向好朋友打電話說自己準備跳槽的事，他的好朋友是一位老師，正好最近在教學生如何以不同於以往的角度看待問題。朋友把上課的內容講給小江聽後，小江深有感觸，想到他面對的難題，突然一個大膽的想法出現在他的腦海裡。

第二天，他又去了一趟獵頭公司，不過這一次他不是為自己求職，而是為自己的上司找工作。沒過多久，他的上司接到了獵頭公司的電話，請他去另外一家公司高就，雖然上司不知道這是小江和獵頭公司共同促成的結果，但是正好這位上司也想換個工作環境，所以上司接受了獵頭公司的建議。

事情並沒有到此結束，讓小江更高興的是，由於上司接受了新的工作，因此上司原本的職位就空了出來。小江申請了這個職位，然後順理成章地升職了。

在上面的這個故事中，小江原本是因為忍受不了上司想跳槽，結果他換個角度思考問題後，不僅繼續做著自己喜歡的工作，而且還擺脫了討厭的上司，最後還成功升職加薪。

換個角度，光明就在轉身的瞬間

其實，很多時候，成功並不一定來自堅持，而是來自改變。轉換思維，換個角度看問題，可能人生的結果就大不相同。因為，格局決定出路。假如你在黑暗中找不到出路，不妨換個角度，也許你會發現光明就在你轉身的瞬間。

有一位年輕的畫家，傾盡家財終於在巴黎著名的藝術街上開了一家屬於自己的畫廊。但是這條藝術街太有名了，許多知名畫家在這裡都有自己的畫廊，像他這樣毫無名氣的畫家更是多如牛毛。

畫廊開張後，生意異常慘淡，在這條大街上，除了一些知名畫家的畫廊和裝修講究的畫廊有人光顧外，像他這樣的小畫廊根本無人問津。

苦苦支撐半年後，年輕畫家陷入了生活窘迫的境地，他決定關掉畫廊。就在他關門前的一天傍晚，他走進了街頭的一間小咖啡屋，點了一杯咖啡，心情煩悶地看著進進出出的客人。他發現咖啡屋雖然小，但是生意卻非常熱鬧，突然，一個念頭在他的腦海中閃過：我何不也開一家咖啡店呢？

說做就做，原本的小畫廊經過簡單的布置後，變成了一間咖啡店，雖然並不是那麼

起眼，但咖啡的香味足以吸引來來往往的行人。當人們進來喝咖啡的時候，發現這家咖啡店有些與眾不同，咖啡屋的牆上還掛著精美的畫作，客人們一邊喝著咖啡，一邊欣賞著畫作，心情十分愉悅。

很快，年輕畫家的咖啡店在藝術街上聲名遠播，門庭若市，好不熱鬧。在喝咖啡的客人中也有許多藝術品投資者，當他們看到牆上的作品後紛紛詢問畫作是出自誰人之手，年輕畫家總是謙虛地說是自己的作品。後來，「藝術街那家與眾不同的咖啡店的老闆竟然是畫家」這一消息不脛而走，年輕的畫家就此一炮而紅，連作品都被搶購一空。

剛開始，年輕畫家開的畫廊差點倒閉，是因為他過於樂觀地預估了自己的形勢，然而現實是，沒有特色的畫廊很難在眾多優秀畫廊中獲勝。後來換個角度，改變經營策略後，巧妙地利用咖啡店的人氣和「咖啡店老闆是畫家」的身分脫穎而出，從一個毫無名氣的畫家，變成了名利雙收的大人物。

在生活和工作中難免會遇到困難，此時，不要執著地鑽牛角尖，有時候換個角度，就一定能跳出困境，找到一條出路。

有一個很經典的大師移山的故事：

人們聽說有一位超級大師，花了近半輩子的時間終於練成了移山大法。於是有人慕名找到這位大師，請他當眾表演移山大法，大師在一座山的面前坐了下來，過了一會後他就來到山的另一面，然後對眾人說表演完了。

眾人面面相覷，大惑不解，大師笑著說：「其實，這個世界上本來就沒有什麼移山大法，所謂的移山大法只不過是，山不動，我動。」

所以，只要改變一下思路，你會發現豁然開朗。作為新時代的年輕人，更要懂得調整自己的想法，不斷地收集和整理各種資訊，讓自己可以從不同的角度出發，努力發掘自己的潛力，為自己的人生開闢一條新的道路。

正所謂：「窮則變，變則通。」當前方的路走不通的時候，就要轉變思路，換個角度去思考，一切將會不一樣。你的思維決定了你的格局，你的格局決定了你的出路，換個角度，你將擁有不一樣的人生。

拿得起是魄力，放得下是胸懷

有些人生性坦蕩，豪爽痛快，瀟灑自由，拿得起也放得下；而有些人整天畏首畏尾，愁眉苦臉，痛苦不堪，拿不起更放不下。說到底，是眼界決定了格局，而格局又決定了結局，只有真正拿得起放得下的人才能成為人生贏家。

拿得起是魄力

人生在世，難免會遇到困難和挫折，如果總是畏畏縮縮，那麼結果將是一事無成。

你的朋友想和你合夥開公司，可你怕賠本，沒有同意朋友的建議，結果你的朋友日進斗金，盆滿缽滿，你卻還在溫飽線上掙扎；主管想讓你接手一個大專案，可你怕太難，委婉拒絕了主管的建議，結果你的同事接手後，順利地完成了工作任務，理所當然地升職加薪，你卻只能拿著微薄的薪資，做一個小小的職員。

有些人認為，困難就如同「洪水猛獸」一樣可怕，一旦遇到了就找藉口、找理由去逃避、去退縮；而有些人則認為，困難只是內心的一個魔咒而已，只要勇敢面對就可以戰勝它。所以，當困難來了，他們就迎難而上；當挑戰來了，他們就披荊斬棘；當變化來

了，他們就去適應。只要敢想、敢做、敢打拚，你會發現許多困難的事情也不過如此，沒有什麼好怕的。

放得下是胸懷

而現實生活中又有太多的人，執著一些不該執著的東西，糾結一些不該糾結的事情，使自己生活在痛苦的深淵裡。其實，懂得放下，才能真正地看清自己，看清世界。

佛曰：「一切皆空性，放下便自在。」生活中，那些整天愁眉苦臉的人，不是心胸太小，就是太過偏執、執著，或總是沉浸在自己的世界中不能自拔。他們忘不掉過去，想挽回點什麼，卻總也抓不住，其實，只是自尋煩惱罷了。

美國著名作家、哲學家梭羅說：「一個人，越是有許多事情能夠放得下，他就越是富有。」每個人都有放不下的回憶和過往，就讓往事隨風吧；每個人都有捨棄不了的東西，就把那些都丟棄吧。只有放下後，心胸才會更寬廣，才會騰出更多的空間給未來，人生的道路才更順暢。

有一個商人賺了大錢後，帶著他的妻子和滿滿一箱珠寶乘船回老家。因為珠寶箱太

過顯眼，所以他們被同船的賊盯上了。晚上，商人聽到幾個賊在偷偷商量如何謀害他們奪取珠寶，商人很害怕，就和妻子一起商量對策。

商人說大不了和他們拚了，可妻子卻不同意商人的做法，要知道，他們兩個可不是那些人的對手。後來，妻子想到了一個好主意。

安靜的船艙中突然傳來一陣爭吵聲，原來是商人夫妻在吵架，他們互相謾罵，最後竟然動起手來了。船上的人們好奇地看著這對夫妻，突然，商人拿起珠寶箱對妻子說：「妳這個貪財又惡毒的女人，我就是死也不會給妳半毛錢。」

然後，商人打開珠寶箱，當著船上所有人的面把所有的珠寶都丟到了河裡。雖然同船的人很心疼珠寶，可事發突然，他們也無能為力，只能就此作罷。

後來，商人夫妻平安上岸後，商人對妻子說：「妳的做法是對的，只有捨棄了錢財，才能保住我們的命。」

妻子說：「是啊，留得青山在，不怕沒柴燒。錢財沒了可以再賺，命沒了就什麼都沒了。」

雖然人們常說「人要拿得起，放得下」，可真正做到的卻沒有幾個，關鍵時刻懂得放

下才是大智慧，懂得放下的人才更懂得珍惜。錢財乃身外之物，商人的妻子正是因為懂得放下，才挽救了生命。

有些人，一直被自己的慾望驅趕，不停地前行，也不敢怠慢，更不敢放下，最終的結果只會使自己身心俱疲。因此要懂得放下，用開闊的胸襟去迎接精彩的人生。

誠然，生活中有太多放不下的事情，可最後這些都變成了生命的累贅。它們除了讓你心煩意亂、身心疲憊外別無他用。那些讓人放不下的，不外乎名、利、財或情，只要你把這些身外之物看透了，自然也就放下了。

人的一生不停地在前行，前行的路上你會遇到許多的「寶貝」，它們是快樂、愛情、驕傲、痛苦、煩惱等等。它們太過美麗，讓你忍不住想裝滿自己的口袋。可是最後才發現它們是那麼沉重，沉重到差點讓自己丟了性命。

此時，你要做的應該是放下，這樣才能繼續前行。雖然放下很難，但是當你把痛苦、煩惱、名利丟掉的時候，你會發現，自己越來越輕鬆，健步如飛。斷捨離是快樂人生的不二法則。

人生，要拿得起，更要放得下

人生是一個不斷得到和失去的過程，拿得起是因為不能錯過美好，放得下是因為那些原本就失去了，不要做無謂的掙扎。有的人拿不起，就無從放下；有的人雖然拿得起，卻放不下。拿不起將一事無成，放不下將疲憊不堪。

人生在世，不可能永遠前途坦蕩，陽光明媚。生活總會有風雨和磨難，如果你總是猶豫不前，拿不起也放不下，那麼注定只能看著別人萬丈高樓平地起。

人生所有的得失，都恍如過眼雲煙，正所謂「昨日之日不可留」，只有放下過去，才能迎接新的生活。拿得起是對自己負責任，放得下是對自己的解脫。不亂於心，不困於情，不畏將來，認真過好每一天，如此，便好。

願你一生，有魄力拿得起，也有胸懷放得下。

看得見小事的人，才能看得清全局

在本節的開頭，我們先來看這樣一個故事：

一家知名的房地產公司誠徵廣告企劃主管一名，名校畢業的徐謙前來應徵這個職位。通過筆試後，徐謙順利地進入了面試的環節，因為他筆試成績優異，人力資源主管對他很是欣賞，可是最後面試的關頭，主管卻突然轉變了對他的態度，徐謙面試失敗了。

對此，徐謙很是不解，明明自己的筆試成績名列前茅，在面試時也沒有犯明顯的錯誤，為什麼沒有應徵成功呢？

原來，徐謙的履歷不僅有被水浸溼的痕跡，而且還有被硬物刮過的痕跡，看上去「傷痕累累」。主管正是因為看到他的履歷後，才改變了之前的想法，主管認為：「一個連自己的履歷都不能好好保管的人，必定是管理不好一個部門的。」

擁有全局視野的人都明白，一個連小事都做不好的人，必定做不成大事，因為，只有看得見小事的人，才能看得清全局。

老子說：「天下難事，必作於易；天下大事，必作於細。」這句話很好地詮釋了想要做成大事，必須先從小事做起的道理。

一個不重視細節，不屑於做小事的人，怎麼會看清全局？又怎麼會意識到細節決定成敗呢？千里之堤，潰於蟻穴，說明了細節的重要性。一個只會喊著做大事而忽視細節的人，是不可能獲得成功的。細節不僅可以幫助你看清全局，而且還能讓你獲得相應的技術和經驗，讓你離成功更近一步。

一位企業總裁曾經說過：「什麼是不簡單？把每一件簡單的事做好就是不簡單；什麼是不平凡？能把每一件平凡的事做好就是不平凡。」他領導的A品牌正是抱著這樣的理念，在各個環節注重細節，才能留住消費者，才能在市場的競爭中立於不敗之地。

小莉對A品牌冰箱一直很有好感，不僅是因為它的品質非常好，還因為A品牌的服務和細節做得特別好。她第一次購買A品牌冰箱的時候，在原本預約的時間有急事出門了，後來A品牌的人打電話來，她只好抱歉地告訴工作人員家裡沒有人，而對方語氣依舊很友好，並約定第二天再來。

第二天，A品牌的人再次上門，他們先是禮貌問好，然後穿上自備的鞋套後才進

門，安裝工作完成後又重點講述了使用過程中的注意事項，最後離開的時候還帶走了冰箱包裝產生的垃圾。

雖然這都是一些簡單的小事，可是卻能讓人很舒心，讓人覺得這個冰箱買得值得。安裝工人的服務都這樣細心、周到，可想而知，該品牌的領導者是多麼重視細節。A品牌正是因為牢牢地抓住了這些細節，才能「買」到顧客的心，成為家電行業的佼佼者，成就今天的輝煌。

正所謂：「以小方能見大，以細方能見精。」在日常生活中，人們可以透過一個人的細節判斷出這個人對事情的態度，因為細節展現的是一個人的習慣、品性、格局和智慧。

要想成為看得見小事的人，還需要從踏實、用心和觀察三個方面入手，這樣才能透過小事看清全局。

踏實

所謂踏實，就是腳踏實地。不能光想著做大事，不做小事，不能好高騖遠，總想著一步登天。要知道，只有做好了小事，才能成就大事，要明白小事的重要性，把每一件小事都當成大事來做。

用心

用心，是指要人們有「隨時看到小事」的觀念，在生活和工作中養成注重小事的習慣。因為小事時時刻刻都在人們的身邊，所以只有用心才能注意到，只有養成注重小事的習慣，才會發現影響全局的小事，才不會讓小事壞了大事。

觀察

觀察，是指細心觀察周邊的現象和動向。一般來說，善於觀察的人都能從生活和工作中發現各個細節，然後透過細節引發思考。我們在看待問題的時候一定要細心觀察，這樣才能找出問題的關鍵點，從而更好地解決問題，獲得全面性的成功。

不要總是說「能力有限」

有科學家做過這樣一個實驗：

科學家把跳蚤放在桌子上，拍桌子的時候，跳蚤都會立刻跳起，跳起的高度是牠自身長度的一百倍以上。接著，科學家在跳蚤上面放一個玻璃罩，然後再拍桌子，這次跳蚤跳到玻璃罩的頂部後就彈了回來，經過多次的跳躍後，跳蚤改變了自己的高度，所跳高度總是與玻璃罩的頂部保持一定的距離。

後來，科學家逐漸改變了玻璃罩的高度，跳蚤每次跳起後也根據玻璃罩的高度改變了自己彈跳的高度，直到玻璃罩接近桌子時，跳蚤就再也沒有跳起來了。隨後，科學家把玻璃罩拿開，再次拍桌子，可跳蚤依舊沒有跳起。就這樣，跳蚤從一個「跳高冠軍」變成了「爬蚤」。

這就是著名的「跳蚤實驗」。跳蚤之所以變成了「爬蚤」，並不是牠喪失了跳躍的能力，而是在經歷了無數次的挫折後，「變乖」了。雖然玻璃罩早已不在，但是牠卻已經習慣了玻璃罩的存在，連再跳一次的勇氣都沒有，這說明玻璃罩已經存在於跳蚤的潛意識裡了，是跳蚤的潛意識扼殺了牠自己的潛能，科學家把這種現象叫做「自我設限」。

每個人在工作和生活中都有害怕做不到的時刻，如果你「畫地自限」，那麼你無限的潛力就會變成有限的能力。如果你認為所有的一切都是命中注定，不可超越的，那麼不管你以前的能力有多突出，你都會自我懷疑。

其實，你可以透過自己的思維和習慣來改變自己的生活和格局，而改變自我的關鍵就是勇氣，不要讓自己故步自封，不要讓慣性思維替自己「設限」，要解開心中層層的枷鎖，這樣才能突破阻礙，一路前行。

有一個小男孩在馬戲團看表演，馬戲團的表演精彩絕倫，其中有一頭大象的表演讓在場所有的觀眾拍案叫絕。這個小男孩對這頭大象充滿了好奇，表演結束後他來到馬戲團的後臺，找到了那頭大象，小男孩發現此時大象正被一根普通的繩子拴在小小的木樁上，於是他好奇地問馴獸師：「您好，請問您為什麼只用一根小小的繩子就可以制伏大象呢？」

馴獸師微笑著對小男孩說：「在牠很小的時候，我們是用大鐵鍊拴住牠的，當牠想要逃走的時候，只要一用力，鐵鍊就會緊緊地勒住牠，使牠動彈不得，這種疼痛讓牠記憶深刻，久而久之，牠就不相信自己可以逃跑了，因此，我們現在只需要一根普通的繩子綁著牠就夠了。」

其實，在生活中有許多人都像這頭大象一樣，曾經意氣風發、壯志凌雲，但是屢屢失敗後，就逐漸放棄了自己的夢想。他們在經歷了多次的打擊後，日漸消沉，放棄了追求夢想，不敢再次嘗試，他們自我設限，早已習慣了失敗，甘願做一個失敗者。

假如你每次逃避一些事或是掩飾人格上的缺陷時，都用「我一直是這樣的」來安慰自己，久而久之你會發現，這種「自我設限」早已進入了自己的潛意識中。慢慢地，你越發確信自己就是「能力有限」。那時，你將不再相信自己的潛能和優勢，你的日子就如命中注定的一樣，平淡無奇、毫無建樹。

如果你不想讓自己的一生都碌碌無為，那麼你要鼓起勇氣，相信自己的潛能和優勢，勇敢出擊，改變生活的軌跡。每個人都能夠透過努力改變自己的命運，關鍵在於你是否肯付出。如果你一直視而不見，那麼就不要抱怨生活對你的不公。

一位古羅馬哲學家曾說過：「在任何情況下，遭受的痛苦越深，隨之而來的喜悅也就越大。」只有當你經歷過痛苦的洗禮後，方能體會到快樂的真諦，這種苦盡甘來、甜蜜的滋味才能讓你的幸福感倍增。

通常，具有成功潛質的人，他們在遭受挫折和打擊後，依舊能保持從容不迫的神態。他們不會輕易地放棄，會越挫越勇，在困境中尋找新的機會，猶如浴火重生的鳳凰，創造了一個又一個的奇蹟。

每個人都有夢想，都希望自己能朝著夢想的方向過上美好的生活，但是理想很豐滿，現實卻又太骨感，在奮鬥的道路上，理想總是敗給了挫折和困難。人們總是用「自我設限」來限制自己的潛力，把自己困在狹隘的世界裡，無法走向成功。

要知道，思維決定出路，態度決定高度，而格局決定結局。人生就是這樣，雖然有挫折、有失敗，但是人生也充滿了無限的可能性。不要總說自己能力有限，你要打破蓋在自己身上的玻璃罩，勇敢地追求自己的夢想，讓無限的可能變成現實。

不經一番寒徹骨，焉得梅花撲鼻香

人們常說理想很豐滿，現實很骨感，這話一點不假，美好的理想總是讓人充滿著嚮往，讓人忍不住想揭開它神祕的面紗一探究竟。可是，理想的實現也是一個充滿了艱辛的過程，每個人在實現理想的旅途中都會面臨挫折與困難，歷經傷痕累累的痛苦與無奈，方能越挫越勇，收穫勝利的果實，享受成功的喜悅。

不經一番寒徹骨，焉得梅花撲鼻香。只有在不斷的失敗與嘗試中，你才能逐漸鎮定從容、臨危不亂，堅強勇敢地朝著自己的目標前行。

傍晚的天空，烏雲密布，山雨欲來，山腳下的寺廟裡傳來陣陣木魚聲，聲音時大時小，時強時弱，節奏也和以往大不相同，似乎敲木魚的人心事重重。住持聽了木魚聲，心中大為不悅，責怪小和尚心不在焉。小和尚滿臉的擔憂溢於言表，吞吞吐吐拖拉了好久，終於說出了原委。

原來幾天前，他在山上發現了一隻失去家人的雛鷹，心生惻隱便替小鷹在樹杈上搭了一個窩，並悉心照顧牠，今天看著要下大雨，所以十分擔心小鷹的安全。住持說：「縱然牠只是一隻幼小的鷹，同樣也能對抗風雨的洗禮，只有歷經挫折，牠才能展翅翱翔在廣闊的天際，更何況，你能護牠一時也護不了一世，所以你根本不必擔心。」忐忑不安的小和尚，第二天一大早便上了山，剛到小鷹的住處，便看到小鷹撲扇著翅膀，掙扎了幾下就飛上了天空。

小小的雛鷹能夠一飛沖天，不正是靠牠日益堅硬的翅膀嗎？只有不斷歷練，接受風雨的洗禮，牠才能越飛越高，越飛越遠。同樣，成長也是一個人不斷歷練的過程，在此過程中，雖然會有人幫你、照顧你，但最終走下去的，卻只有你一個人，沒有人能夠寸步不離地一直悉心照料著你。你只有自我經歷，接受了風雨的洗禮與生活的磨練，你才能越挫越勇，用你的金剛不壞之身打敗困難趕跑失敗，你才能在一次又一次的挑戰中變得更加優秀。

很多人由於自身心理素養差或缺乏吃苦耐勞的特質，導致在成長的過程中遇到挫折或困難時，就灰心喪氣地選擇逃避，尤其是看到身邊的人不費吹灰之力就贏得一切時，更是羨慕嫉妒恨，有的甚至自怨自艾一蹶不振，但你怎知別人就沒有付出艱辛的努力呢？

難道生活讓你經歷了磨難，你就要以此為藉口自我沉淪嗎？如果你抱著這種想法，那你的生活終將看不到希望，永遠都將在羨慕嫉妒恨的陰影下平凡度日，這樣的生活又有何意義呢？與其這樣，還不如面對生活的困難，努力克服它、戰勝它，盡全力去成就更好的自己，這才是最好的選擇。

經過一番激烈的角逐，小珍從眾多面試者中脫穎而出，得到了她夢寐以求的工作，成為當地一個頗有名氣的電視節目的主持人。小珍特別珍惜這來之不易的機會，希望能在此職位上做出成績。

可是，上班第一天，小珍就發現這份工作並不如她想像中那般光鮮亮麗。形象出眾氣質高雅的小珍，一進電視臺自然就引起了其他人的嫉妒與排擠，有的同事甚至還在背後造謠，說她是靠某某主管上位，才能進電視臺得到這個職位。流言蜚語多了，就連自己的上司也開始對她橫挑鼻子豎挑眼，故意針對她，不給她好臉色。

時間一長，原本性格活潑開朗的小珍，竟然變得十分壓抑與痛苦，不管她怎麼解釋，周圍的人就是不相信她。其實，小珍心中也知道這些人是嫉妒自己年輕漂亮，害怕自己把他們比下去，可是自己初來乍到，沒有真正做出成績，又如何去堵住悠悠之口呢？

明白了這一點後，小珍從此再也不理會那些流言蜚語，而是把更多的時間與精力放在了工作上，努力成長。小珍主持的節目收視率一路飆升，她的工作效率也越來越高，關於她的流言蜚語卻越來越少。慢慢地，小珍開始在電視臺有了自己的一席之地，並逐漸站穩了腳跟。

試想一下，如果小珍一個勁地巴結討好同事，最終她能得到什麼呢？難道說，小珍的阿諛奉承就能阻止流言蜚語，就能得到同事真心的關懷與照顧了嗎？顯然是不可能的，擊敗嫉妒與流言最好的方法就是用成績說話，也只有成績才能堵住悠悠之口。別人怎麼看你不重要，重要的是你自己在成長的過程中如何才能排除萬難，歷經磨難成就更好、更強大的自己，這才是最重要的。

成長路上必會經歷風雨，如何將每一次的磨難都看做是一次成長與歷練，如何在每一次的歷練中將自己的心境打磨得更堅強勇敢，這不僅需要你堅定不移地朝著自己的目標前進，更需要修練一個強大的內心去使自己完善。

你只有不屈不撓，從學識上、技能上、態度上、行動上改變自己、使自己更臻完美，才能在成長的過程中不攀附、不依靠，用自己的信心與實力來成就更好的自己，讓他人對你刮目相看。

正所謂不經一番寒徹骨，焉得梅花撲鼻香，人生的道路從來都不是平坦的康莊大道，成長的過程中，需要你披荊斬棘不斷錘鍊、磨礪自己，方能享受梅花的沁香撲鼻，收穫更美好的明天。要知道，只有歷經千錘百鍊的磨難與嘗試，你在之後的人生路途中才能寵辱不驚，看庭前花開花落；去留無意，望天上雲卷雲舒，用最愜意舒適的生活態度去享受最美妙的人生樂趣。

別讓煩惱吞噬了你的才能

人生處處充滿著競爭，但這場競爭卻並不是你與他人的競爭，而是自己與自己的競爭，這場競爭考驗的不僅是你的意志力，更是你的心態。你只有專心致志，以一種樂觀豁達的心態去看待身邊的一切事物，才能戰勝自我，超越自我，朝著自己的目標勇敢前行。

每個人的能力大小不同，心態不同，對待事物的感受與想法自然也會不同。但一件事只要你盡心盡力去做，總會得到別人的認可與讚賞，你不必太在意他人的目光，也不用擔心自己的能力不夠，只要你勇敢地邁出第一步，你就會發現天下沒有什麼不可能的事，即使你失敗了也沒有關係，至少你超越自我，戰勝了自己的膽怯與懦弱。否則，你連這點心態與意志力都沒有，那你又如何堅定不移地走下去，去完成自己的夢想實現自己的抱負呢？

有位優秀的大學生在試用期由於業績不理想而慘遭公司解聘，心情鬱悶的他一時想不開便選擇了跳樓自殺。很多人不理解，為什麼失業就能導致一條鮮活的生命產生悲觀厭世的念頭？究其原因，這一切都來自於這位大學生在人生的關鍵時刻沒有掌控自我、戰勝自我，才導致了這樣的悲劇。

有些人可能覺得這事沒什麼大不了，失業了，換一份新工作不就好了嗎？也有的人會覺得此家公司的做法不太人道，但實際上企業這樣做也是為了更好地激勵員工，提高員工績效。每個人看待事物的心態不同，意志力不同，所以最終導致的結果也就全然不同。

有一家企業由於經營不善，導致年年虧損，企業為了緩和資金壓力，便決定裁員。此言一出，公司上下人心惶惶。但公關部的小李卻不慌不忙像個沒事人一樣，當別人都忙著在網路上投履歷找工作、四處託關係拍主管馬屁為自己尋找後路時，她卻和往常一樣，該做什麼做什麼。那胸有成竹淡然自若的樣子，就彷彿這一切和她沒有任何關係。

同事不解，問她：「公司馬上就要裁員了，難道妳不害怕嗎？裁員就意味著失業呢！」她說：「我這每天忙得腳不沾地，哪有時間去想這些啊，再說了，該來的終究會來，你愁也沒用，難道你整天愁眉不展就能解決問題了嗎？」最終，裁員的名單中並沒有小李的名字，反而是那些平時耍小聰明、阿諛奉承的人名列其中。

任何一家企業，看重的都是員工對待工作的態度與實力，你若平時兢兢業業，埋頭苦幹，又何須懼怕這突如其來的裁員風波呢？有優勢的人，有能力與實力的人，自然不會輕易被淘汰，千萬別讓煩惱吞噬了你的才能，阻礙了你的進步。

你不必羨慕別人所擁有的一切，你只要掌控自我，認認真真踏踏實實將自己的優點與價值發揮到最佳狀態就好。你不必因為自身的優勢就目空一切瞧不起他人，要知道天外有天、人外有人；你也不用自慚形穢而垂頭喪氣鬱鬱寡歡，你要明白每個人都有自己與眾不同的價值，都有著屬於自己獨一無二的發光點，你就是你。只有掌控自我，戰勝自我，超越自我，你才能成就更強大的自己，讓自己變得更優秀。

將不可能變為可能

做任何一件事之前，千萬不要說不可能或做不到，這世上只有想不到沒有做不到，再高難度的事，只要你想做、用心做，就一定能夠完成，哪怕一時半刻還沒有找出解決的辦法也不要氣餒，掌控自我、戰勝自我，你總有機會將不可能變為可能。

多一點冒險精神又何妨

人生處處充滿著挑戰，雖然挑戰的過程中充滿了艱難險阻，但多一點冒險精神又何妨？你只有勇於冒險，勇於迎接挑戰，你才能在此過程中不斷使自己完善，成就強大的自己，收穫勝利的果實，享受成功的喜悅。

失敗了大不了重新來過

失敗乃成功之母，即使面臨失敗的結局，也不要害怕嘗試，更不要因為一時的挫折就惶惶不可終日，失敗了大不了重新來過。你可以在失敗中汲取經驗，慢慢突破自我，並擁有戰勝一切困難的勇氣與決心。

生活中難免會遇到一些強而有力的競爭對手和煩惱不堪的事情，這些事情會讓你筋疲力盡，但你卻忽略了一個最大的對手，那就是你自己。首先你得肯定自己，替自己增添信心，你才能充滿自信，在氣勢上壓倒別人。

一個人最難能可貴之處就在於，歷經了坎坷與挫折，承受了生活的洗禮之後，還能每天微笑著面對生活。這種良好的心態與堅韌不拔的意志力是誰也羨慕不來的，你只有自我錘鍊，並安慰自己，才能大步流星地朝前走，堅定意志去完成自己的目標與理想，你的人生才會豐富多彩更加有意義。

也只有勇於突破自己，你才能在面臨人生的苦難與挑戰時，用自己堅強的意志與樂

觀的心態去戰勝它，打敗它。當你實現了自我突破後，你就會驚喜地發現，在這紛紛擾擾的塵世間，即使面臨再大的困難與挑戰，你都能處變不驚輕鬆化解，在人生的道路上越挫越勇，越來越優秀，讓自己的人生了無遺憾。

要麼旅行，要麼讀書，身體和靈魂，必須有一個在路上

我們常說：「世界那麼大，我想去看看。」幾乎所有的人都想去看看這個美麗的世界，都想來一場說走就走的旅行，可實際上真正做到的人卻非常少。

你接觸的事物越豐富，你的人生也會變得越飽滿。因為當你親身感受這些不同的環境、風俗和文化的時候，你的眼界和世界觀也在發生著變化。

美國一位教育專家說過：「大自然是世界上最有趣的教師，它的教益無窮無盡。」看看精彩繽紛的世界，體會它所帶來的千姿百態，是一件美好又有意義的事情。

正所謂，站得高看得遠。視野決定了你的見識和思維。多看看外面的世界，你的視野才會越來越開闊，你的見識才會越來越多，格局才會越來越大。這樣當你面對今後的

人生，就不會局限於以往的小格局，很多事情自然就水到渠成了。

當然，也有人說，現如今，網路已經越來越發達，世界已經變成了一個小小的「地球村」，只要有網路，就可以透過社群平臺和部落格等領略到不同的地域風情，何必不遠千里、不辭辛勞地東奔西走？

話雖如此，可你要知道，就算網路再便利，照片再清晰，介紹再詳細，所有的一切也只是存在於你的手機裡，是死的文字和圖片而已，這些都代替不了身臨其境的感受。

去世界各地看看，不全是為了那些迷人的風景、異域的風情和不一樣的歷史文化，而是為了擴充閱歷、增長見識、豐富自己的內心。因為在旅行的過程中，你會接觸到更多的人和事，會從這些不一樣的人和事中逐漸形成多元的價值觀和人生觀，這些都是網路所不能給予的。

正如現在流行的一句話：「要麼旅行，要麼讀書，身體和靈魂，必須有一個在路上。」你只有接觸更廣闊的世界和更多先進的思想，你才能擁有更寬闊的視野和更高的格局，這樣你的未來之路才會越來越好。

「讀萬卷書，行萬里路，二者不可偏廢。」古人把「讀萬卷書」和「行萬里路」當做一

種境界和追求，這是因為旅行和讀書的結合能真正讓人開闊眼界、增長知識。因此，你在看世界的同時，不要把讀書荒廢了，要知道，讀書是人們了解世界的窗口，是人們掌握知識的途徑。

當你書讀得多了，掌握的知識也就更豐富了，此時你再出去看世界，就能更好地感受世界的廣闊和自然的奧妙，進一步增長自己的知識和生活閱歷。假如你只是為了到此一遊，看看花、觀觀景，那麼此行就變得毫無意義了。

如果你想看到更廣闊的天空，如果你想與更多優秀的人交流，如果你想學習更多先進的思想，那麼，讀書是必不可少的。畢竟一個人的精力和時間有限，你不可能走遍世界各地，但你可以博覽群書。

思想家培根（Bacon）說：「書籍是在時代的波濤中航行的思想之船，它小心翼翼地把珍貴的貨物運送給一代又一代。」因此，如果你想增長見識，開闊眼界，除了旅行，還有一種方式，那就是讀書。

就算你沒有時間和條件去遊覽世界各地的美景和風光，但是你可以在書籍中領略到極光的美、熱帶雨林的生機盎然和草原的遼闊；就算你不能回到古代聽孔子、孟子講學，不能親自見到李白、杜甫這樣的文人墨客，但是你可以透過他們的文字和詩詞感受到他們的思想和精神；就算你不能親自前往外太空去探索宇宙的奧祕，但是你可以在書籍中見識宇宙的浩瀚，人類的渺小……

讀書，對於人們來說具有非常重要的作用。讀書，可以讓你成長，讓你看得更長遠；讀書，可以讓你穿越時空，讓你見識最美麗的風景和最神祕的事物；讀書，可以讓你增長見識、拓寬思路，讓你擁有獨到的見解；讀書，還可以讓你不陷於愚昧之中，使你明真理、辨是非。讀書可以讓你擁有大智慧、大格局。

世界很大、很精彩，一定要多看看世界，多讀讀書。這不是為了炫耀，而是為了讓自己變得更豁達。要麼旅行，要麼讀書，身體和靈魂，必須有一個在路上，這樣你的心胸自然寬廣，你的格局自然就大了。

做最好的希望和最壞的打算

凡事無絕對，不管是在生活中還是在工作中，未雨綢繆、有備無患總是好的。下面就是一個關於「未雨綢繆」的故事。

此時正值夏季，陽光明媚、和風煦日。農夫阿牛正在家裡納涼，突然聽到隔壁敲敲打打，吵得很，他出門一看，發現鄰居阿旺正在修葺自己的房子。

阿牛覺得很奇怪，說：「這樣好的天氣就應該睡睡覺、打打盹，好好享受這農閒時刻，為什麼要在這樣美好的時光裡做這些傷腦筋的事呢？等以後再修葺也來得及。」

阿旺說：「我也很喜歡這樣的天氣，也希望以後的每一天都有這樣的好天氣，但是天有不測風雲，而且夏天雨水非常多，如果不趁這樣的好天氣把房子修葺好，等到下雨的時候就糟糕了。」

阿牛覺得阿旺想得太多了，現在外面這麼熱，怎麼會下雨呢？他還一直勸說阿旺等會和自己一起去河裡游泳。可阿旺執意要把房子修葺好，沒有同意阿牛的建議。

誰知到了傍晚，天空突然烏雲密布、雷聲大作，下起了傾盆大雨。這下阿牛著急了，因為他家的房子多年沒有修葺，許多地方漏水嚴重，當他匆匆趕回家的時候，發現家裡的被褥都打溼了，晚上連睡覺的地方都沒有了，阿牛抱著溼漉漉的被子欲哭無淚。

阿旺知道後只對他說了一句話：「誰叫你不未雨綢繆呢？」

這個故事告訴人們，不管在什麼情況下，都要像阿旺一樣做最好的希望和最壞的打算，未雨綢繆、有備無患。假如都如阿牛一般只知道享受目前安逸的生活，而沒有看到事情發展的趨勢，那麼最終的結果就只會一敗塗地。

其實，在現實生活中，有許多人謹慎如阿旺，享樂如阿牛。一部電視劇講述的是一個普通家庭的創業史以及一家人命運的沉浮，其實也是當年整個世代奮鬥歷程的縮影。

其中有一段講述的是男主角在商場上頗有收益後，到他鄉開採石油的故事。他用所有的積蓄購買了一塊地皮，開採石油，可是最後卻什麼都沒有開採出來，後來還為此妻離子散，家破人亡，連吃飯都成了問題，只能沿街乞討。正當他萬念俱灰的時候，得到好心人幫助，最後在子女的幫助下，最終開採到了石油。

其實很多人都為男主角不屈不撓、執著的精神所感動，然而從另一個角度來說，他的精神雖然是可取的，但是在行動上他做得還不夠周全。他只想到了開採石油的商機，而沒有從實際情況思考過他是否有這樣的能力和充足的資金基礎，一心認準開採石油就能賺大錢，甚至不顧一切賣掉自己在老家的房子，然後做起了「石油大亨」的美夢。

不過，話說回來，電視劇畢竟是電視劇，男主角最終順應劇情的發展得到了圓滿的結局，但是在現實生活中，又有幾個人像劇中男主角這般順遂呢？那些妄圖發大財，只

想獲得暴利的人，甚至傾家蕩產去炒股、去賭博的人，最終都逃脫不了無家可歸、流落街頭的命運。

當你面對生活和工作時，要時刻抱有希望，因為希望就好比人生路上的燈塔，只有沿著希望前行才會有無盡的動力，才不至於迷失方向。但是，所有的希望也要基於現實，能夠回歸現實，根據自身的實際情況來計劃是最好的，否則容易被希望迷惑，看不清自己的實際情況。

做最好的希望和最壞的打算，就是在做一件事之前，先問問自己兩個關於底線的問題：做這件事你有什麼優勢、假如這件事失敗了，你將失去什麼。

做這件事你有什麼優勢？

假如你要做一件事，那麼在做這件事之前，最好先在心裡問問自己，究竟有沒有與這件事相關的優勢？如果沒有，請三思而後行。

等你透過自己的努力，有了一定的本錢之後再行動，切不可因為資金短缺就盲目借貸創造優勢，這種優勢只會讓你擔驚受怕，因為只有沒了後顧之憂，才能幫助你做成大事。

假如這件事失敗了，你將失去什麼？

凡事皆有風險，當你看到一件事有良好的發展趨勢，且自身條件成熟到可以應對時，在做最好的希望的同時也要充分考慮事情失敗後最壞的打算。

此刻你要問問自己，假如這件事失敗了，你將失去什麼？這些損失你承受得起嗎？思考過這樣的問題後，再根據自己的實際情況量力而行，盡量儲存自己的實力，哪怕最後失敗了，你也還有東山再起的機會。

一個有大格局的人，都懂得做最好的希望和最壞的打算，因為只有這樣未雨綢繆，用長遠的眼光去看待問題，才會適應時局的變遷，才能成大事。

想擁有大格局的行事作風，必須先看準全局的形勢

究竟是屁股決定腦袋，還是腦袋決定屁股？前者是坐到什麼樣的位置才有什麼樣的想法，而後者卻是有什麼樣的想法才決定坐什麼樣的位置。一般人通常是屁股決定腦袋，坐到一定的位置才會想做什麼事，這樣會使自己跟不上發展的節奏。而有大格局的

人卻是腦袋決定屁股，他們不會被生活牽著鼻子走。你要擴展自己的視野，學會從全局出發，全面客觀地看待問題。

大家應該對「坐井觀天」和「鳥瞰世界」的故事都相當熟悉，這裡就不做過多的敘述了。

這兩個故事鮮明的對比旨在告訴人們，從不同的角度出發看風景，看到的景象必定截然不同。正所謂站得高，看得遠，就是這個道理。

「坐井觀天」看到的天空只是井口的大小，卻總以為天空盡在自己的掌握中；而「鳥瞰世界」則是站在山頂看全景，眼到之處，自然一覽無餘，這才是廣闊無垠的世界。

然而，現實生活中許多人都是「坐井觀天」之人，他們總是居於自己小小的世界中，不能用全局的思想去看待問題、思考問題，那麼自然也就不能擁有大格局的行事作風。

而「鳥瞰世界」的人，習慣從高到低，全面地觀察、看待問題，這種先看全局再思考的思維模式不僅拓展了他們的思路，而且還開闊了他們的眼界，這樣他們在做任何事情的時候都能思慮周全再行動。因此，這一類型的人往往更容易成功，因為他們能在看準全局的形勢下細化目標，然後再有目的地為之奮鬥，這樣才能使事情更圓滿、更順利。

雖然「坐井觀天」和「鳥瞰世界」有著天壤之別，但其實兩者在本質上是有內在關聯的，這種關聯使得彼此雙方相得益彰。

劉敏從小酷愛美術和音樂，上大學後雖然選擇的是中文系，但上進的她還同時選修了美術與音樂課程。因為一直以來她都認為大學時間很充裕，學好這三門課程不在話下，可實際情況卻是要學的東西太多，導致精力跟不上，常常顧此失彼，疲憊應付。

當她把自己的情況和老師說明後，老師建議她放棄美術與音樂的選修課程，主攻文學。後來她利用文學課以外的時間博覽群書，偶爾有閒暇就聽聽歌、作作畫。雖然沒有專門學習音樂和美術，但是基於她深厚的文化底蘊，她在欣賞音樂和畫作時都能很好地領會其中的意境。

這就說明當你累積了相應的基礎知識後，只要你勇於探索，就一定能跳出井底，鳥瞰世界。

雖然，這個過程可能會很艱辛，但是，當你跳出井底之後，你會發現原來外面的世界如此精彩。不要擔心跳出井底後會摧毀你原本平靜、安逸的生活，因為你只有經歷過這樣的苦難之後，才能更好地看清全局，才能站在全局的形勢上「鳥瞰世界」。

想擁有大格局的行事作風，必須先看準全局的形勢，也就是要學會先審局。而要想學會審局還要先明白「全局」與「一域」的關係。

古人云：「不謀全局者，不足謀一域。」裡面的「局」和「域」與格局的大小息息相關。從字面上來講就是「全局」與「一域」的關係，「全局」是由許許多多個「一域」組成的，只有保證「一域」的完好，才能獲得「全局」的成功。從另一個角度來說，看不見「全局」的人就猶如一葉障目，是很難獲得一域的成功的。由此可見，「一域」的成功與否，相當程度上取決於對「全局」的審視。

其實，「全局」與「一域」的關係，也可以理解為「大局」與「小局」的關係，往往那些喜歡從「小局」出發的人，會更容易迷失在自己的「小局」之中，因為他們的眼中只有「小局」的利益和發展，所以最終會迷失方向，造成混亂。

而那些從「大局」出發的人，則是先看好「大局」的走勢，然後再根據實際情況劃分「小局」，這樣，「小局」才能順勢而上，最後獲得「大局」的成功。

任何工作都能提升自我價值

一個人想要在社會上立足，就要靠自己努力工作，幾乎所有人的工作都是從基層走向高層的。有些人從始至終都在基層掙扎，而有些人卻能平步青雲從基層的工作走向高層，達到自己的人生目標。這其中的差別就是個人的觀念，前者覺得基層工作太「low」，配不上自己的才華，因此對工作不盡心盡力；而後者恰恰相反，他認為每一份工作都有不同的價值，只有當自己實現了工作的價值後，工作才能幫自己提升自我價值。

周斌和王嵐大學畢業後，應徵到了一家大型的餐飲品牌做儲備幹部，雖說是儲備幹部，但因為沒有任何工作經驗，所以公司為了讓他們熟悉營運情況，就安排他們在最基層接受新人培訓。

公司替周斌安排的工作職位是服務生。心高氣傲的周斌很是不解，自己明明應徵的是儲備幹部，可實際情況卻是做著服務生的工作，他認為自己是大學畢業，這樣的工作對他來說是大材小用。因此，他沒有把心思放在工作上，整天馬馬虎虎，不是這裡沒擦乾淨，就是客人投訴說他服務態度不好。

而王嵐的工作職位更糟，公司安排他在廚房當洗碗工，每天要洗很多餐具，還要檢

查破損率，最關鍵的是，現在公司對食品安全特別重視，每天到了用餐時段，公司的主管都會到廚房檢查。

周斌經常向王嵐抱怨工作的委屈，他發現王嵐並不厭煩這份工作，不僅每天開開心心地把餐具洗乾淨，而且有時候還會幫著上菜。王嵐對周斌說：「沒有讓人委屈的工作，只有委屈的人，如果把簡單的工作做好了，那麼複雜的工作就不在話下了。」

其實，剛開始，王嵐也不情願洗碗，可是後來他想：我不能一直做這樣的工作，任何一份工作都能提升自我價值，我要利用這一份不起眼的工作使自己升值。於是他調整心態，把洗碗的工作做得無可挑剔，還利用空餘時間做其他力所能及的事。

很快，三個月的基層鍛鍊結束了，王嵐得到了公司領導階層的一致認可，順利成為經理助理，而周斌因為過錯太多，被解僱了。

兩個同樣起點的年輕人，結果卻完全不一樣。這是因為，王嵐利用基層的工作提升了自我價值，他不僅把本職工作做到最好，而且還不斷地尋找提升自我的機會，這樣才將一份毫不起眼的工作變成了他上升的階梯。

而周斌因為瞧不起基層工作，認為服務生的工作降低了自己的等級，不願意花心思提升自我，所以失去了可以攀登的機會，最終連工作都丟了。

由此可見，不管什麼時候都不能輕視自己的工作，哪怕它很卑微，與你的期望也很遙遠，也不能怠慢。因為，任何一份工作都有存在的意義，都能幫你實現自我價值的提升，助你走向理想的橋梁。

然而，許多人不重視長遠發展，只注重眼前的利益，頻繁地跳槽，其實，這是不利於事業發展的。因為頻繁地跳槽不僅會讓你之前苦心經營的人脈和經驗付之一炬，而且還會讓其他公司覺得你是一個不踏實的人，不會對你委以重任。

人生猶如一條龐大的鏈條，這條鏈條由感情、生活等諸多的鏈環組成，你曾經做過的每一份工作也是鏈條的組成部分。當你目前的能力超越你現有的工作的時候，你才能攀升到更好的工作，使你的事業更上一層樓，這個事業是屬於你的，所以，你努力工作不是為了別人，而是為了自己。

不要單純地認為工作只是謀生的工具，覺得自己只是為了工作而工作。首先你要改變態度，然後透過工作本身的價值來實現自我價值，最後在不斷的累積中提升自我價值，這樣你才能由原有的工作攀升到更有發展潛力的平臺。

不管你從事哪一種工作，哪怕是微不足道，也一定要全力以赴、一絲不苟，只有這樣，你才能不為你的未來發愁。每一份工作都有其存在的意義，任何一份工作都能幫助你提升自我價值，因此，不要再觀望，不要再抱怨，不要再貪圖享樂，請做好你手中的工作，從立足本職工作開始，力爭做到更好，這樣才能為以後的人生搭橋鋪路。

做大事要不拘小節

古語有云：「成大事者不拘小節。」古語又云：「成大事者拘小節。」時至今日，這兩個不同的觀點都是學者們討論的焦點。

其實，大家各執己見的原因不外乎「不拘小節」中的「小節」二字的解釋。有些人認為「小節」指的是生活上的瑣碎小事，一個做大事的人，不能過多地把注意力放在生活的瑣事上；而有些人則認為「小節」指的是細節，都說細節決定成敗，一個做大事的人，不關心細節怎麼能成功呢？

春秋戰國時期的鮑叔牙曾說：「成大事者，不恤小恥；立大功者，不拘小節。」

樊噲在鴻門宴上對劉邦說：「大行不顧細謹，大禮不辭小讓。」意思是告訴劉邦，做大事的人，不要拘泥於小節。

因此，這裡的「小節」指的就是那些與大局無關的瑣事，是從全局出發而言的。「小節」對大局的發展起不了決定作用，所以有些「小節」是可以忽略的。

其實，在生活中，關於「小節」的外延也是很廣泛的，比如生活起居、衣著服飾，和大局相矛盾的小利益等等。

經常蓬頭垢面，讓人覺得亂糟糟的愛因斯坦（Einstein），提出了相對論。古今中外，做大事、不拘小節的人數不勝數，他們為人類的文明和科學發展增光添彩。

成大事者，思考問題不拘小節

成大事者，思考問題不拘小節，是指做大事的人應該具備一種獨到的策略眼光和獨特的思考方式。做大事的人要從大局入手，掌握重點，分清主次，才能不被細枝末節所束縛，才能擁有海納百川的胸襟，才能放心大膽、大刀闊斧地去做。

成大事者，用人不拘小節

金無足赤，人無完人，世界上本來就沒有絕對完美的人，所謂的用人之道是指取大體，不拘小節。

曹操的用人思想是：「人無完人，慎無苛求，才重一技，用其所長。」正是這種用人唯賢，不拘小節的思想，他才得以招到許多性情古怪、恃才傲物、能征善戰的得力將領，幫助他一統北方。

成大事者，應胸懷大志，不拘個人小節

其實，不拘小節是成功之道，也是待人之道。做大事的人應該有大智慧、大眼光和大氣量，這樣才不會為小利所誘，才可以能屈能伸，包容他人。

每個人的精力都是有限的，每個人的一天都只有二十四小時，不會因為你要做大事就多給你幾小時，所以想要成大事，就要心無旁騖，不能「眉毛鬍子一把抓」，只有將有限的精力放在最需要的地方，才能成大事。

成大事的人與普通人相比，有著前瞻的思考模式和超群的能力；而處處拘泥小節的

人，他的思想不夠開闊，不夠活躍，不懂得變通，做事也總是循規蹈矩、瞻前顧後、畏首畏尾，就連說話都小心翼翼、如履薄冰，請問這樣的人怎麼做得成大事？

一般情況下，只要你細心觀察就會發現，一個大公司的老闆整天忙忙碌碌，基層員工可能一年半載都見不到一次老闆，公司所有的事情都是由各部門分管。這是因為，在公司的日常營運中，老闆是最高決策者，他只負責決策，下達命令，最後看結果，至於完成的過程對他來說就是「小節」，畢竟他還有很多很重要的事情要做。

作為一個員工，你要做的就是努力完成這些過程，而「為什麼老闆每天都不在辦公室」這種導致你心理不平衡的事就是微不足道的「小節」。只有這樣，老闆才能做成大事，員工才能在過程中累積做大事的經驗，以便以後做大事。

在做事的過程中，你還要懂得把大事細化，將可能會影響到全局的小事標出來，以免顧此失彼，混淆「小節」，這樣才不會被「小節」的泥潭困住，影響做大事。

除此之外，在日常工作和生活中，還要透過不斷的學習來提升自己，使自己的眼光和眼界更開闊，心胸更寬廣，培養不計較小事的心態，做到寵辱不驚，特別是在做大事時，不要被影響大事發展的「小節」左右了自己的思想，而失去做大事的機會。

從古至今，凡是成大事者，都經歷過艱苦的奮鬥，他們在永不停歇的奮鬥中不斷地使自己完善，使自己擁有超強的意志和超群的能力，這樣才能掌控大局，不被「小節」所左右。

不一樣的眼光，不一樣的人生

做大事的人，都具有敏銳、獨到而長遠的眼光，這使得他們在做事的時候能很好地洞察和掌握事情的發展趨勢。正是因為他們擁有不一樣的眼光，才成就了不一樣的人生。

這裡所謂的眼光，不是單純地指一個人用眼睛觀察事物，而是一個人用他的人生經驗、學識、膽識、智慧和格局來觀察世界、觀察社會、觀察他人的一種標準和思維，以及對事物的判斷和預測能力。

有時候，同樣一件東西，不同的人用，效果也會不同，其原因不在於東西，而在於用的人怎麼用、會不會用，其實這也是一個眼光的問題。

從一個人的選擇中可以看出他的眼光，因為眼光是決策的前提。大到人生十字路口的選擇，小到買東西的選擇，都可以反映出一個人的眼光。而眼光又包括看人的眼光和看物的眼光。

有人說：「讀萬卷書，行萬里路，識萬種人。」其實，在這裡最重要的是讀好書，行好路之後，要靈活地運用讀書和行路後累積的知識和見識去更好地「識人」。

只要你細心觀察，你會發現，通常做大事的人身邊必然有一群出類拔萃的人，一起共謀大事。因此，想要做大事的人，必須有敏銳的看人眼光，能隨時發現人才，並知人善用，這樣才能最大限度地幫助自己成大事。

如果你想具備「識萬種人」的功力，那麼以下幾種方法可供你參考：

看他和誰在一起

假如你想了解一個人，那麼你可以先看看他身邊的朋友，了解他的社交圈。因為「近朱者赤，近墨者黑」，一個人有什麼樣的朋友，可以直接反映他的為人和品格，這就是我們常說的「物以類聚，人以群分」。

看他有錢時如何支配金錢

如果一個人揮金如土，那麼這個人就不適合幫你投資；如果一個人的理財觀念很強，那麼他就是你理財方面最好的人選。

▼看他小有成就時如何選拔下屬

如果一個人小有成就，那麼你可以看他選拔人才和對待下屬的態度，是任人唯賢，還是任人唯親？這些都能反映一個人的品德。

▼看他在困境時如何應對

一個人深陷困境時，最能看清他的心態和特質。看他在困境中究竟是繼續嚴格要求自己，想辦法走出困境，還是自暴自棄，放任自流。

▼看一個人貧困時是否堅持自己的原則

每個人都有自己的原則和底線，一個人不管在什麼樣的情況下都要做到「不義之財不可取」，一個唯利是圖的人是不可用的。

其實，上面的方法說白一點，就是讓你從多方面、多個角度去思考、判斷這個人行不行，比如：他的興趣愛好、言談舉止、為人處世以及各種觀念等等。

總之，想要擁有識人的眼光，不僅要學習識人的方法，而且還要在日常生活和工作中多觀察、多思考，這樣才能鍛鍊出敏銳的眼光。

如果一個人看事物的眼光很準，那麼他不僅是一個洞察、分析和判斷的高手，而且也是一個看得清全局的人，只有這樣的人才能很快地做出最適合事物發展的決定。

就好比衣服的搭配，有眼光的人會在腦海中迅速地收集與顏色有關的資訊，然後根據人的整體情況和要出席的場合做出最佳的搭配。

一個有眼光的人，必定是一個有遠見的人，當他看一件事物的時候，能準確地預見事物的發展趨勢，這是因為他把所學的知識和所了解的時勢很好地結合起來了，然後以此為依據來判斷事物的發展，並順勢而為，這樣才能成大事。

一個收藏家想收藏一個古董時，首先會對這個古董做透澈的了解，然後再分析其市場行情，最後才會花大價錢來投資其未來的升值空間。

如果你也想擁有看事物的好眼光，就要不斷地學習，提高自己的洞察能力、分析能力和掌握全局的能力，這是一個漫長而辛苦的過程，只有透過不斷的累積和磨練，才能換得你想要的銳利、獨特的眼光。

程鵬有一個朋友特別有眼光，不管做什麼事都能做得很好。大學畢業後，這位朋友進入一家公司做銷售員，因為眼光獨特，業務能力強，幾年後，他就坐到了銷售總監的位置。

他每次都會在談判的過程中仔細觀察、分析，判斷對方的喜好、優勢、劣勢，找到對方的真正需求，然後以此來達到簽約的目的。

有一次，程鵬約他一起吃飯，在閒聊的過程中，這位朋友說起了最近讓他煩心的一個談判，程鵬還詫異地開玩笑說：「竟然還有大神搞不定的業務，說來聽聽？」

原來，朋友正在參與競標一個大型專案，他試圖收集主辦方主要負責人的相關資訊，可後來他發現，這個負責人為人低調，在生活上也沒有什麼偏好，目前只知道這個人喜歡穿白色衣服，最喜歡吃的是生肉，其他一無所知。

因為不了解對方的喜好和相關資訊，所以他很焦慮，一籌莫展，不知道該如何推展接下來的工作。

後來，程鵬說起一件與談判無關的事，說自己前一段時間去某地旅遊，有幸認識了一個當地人，對方很熱情，還請他們吃飯，邊說邊把手機裡的照片拿給朋友看，說這位老人也喜歡吃生肉，還說吃生肉是他們的習俗。朋友聽完程鵬的話，頓時大悟，吃過晚飯後就匆匆地離開了。

過了幾個月後，程鵬接到了朋友的電話，朋友說是專程打電話來感謝他的，因為上次吃飯後，程鵬的話讓他聯想到了主辦方負責人也喜歡吃生肉，因此推測負責人可能是某地的人，所以回去後好好研究了他們的文化和喜好，然後投其所好，用一桌他們喜歡的飯菜款待他，最後簽約成功。

其實，無論在什麼時候，什麼場合下，做大事的人總能發現普通人發現不了的問題，總能在最短的時間內找到最好的解決辦法。要知道，每個人的特徵都是不一樣的，你要做的就是利用你所學的知識、經驗和見識，在短時間內觀察事物及其發展趨勢，這樣才能擁有不一樣的眼光，才能成就不一樣的人生。

第三章

心懷格局，海納百川有容乃大

一個人的內心就像是一個空瓶，裡面裝的負能量多了，正能量就會被擠出去。格局大還是小，在於你願不願意擴大瓶子的容量，裝進更多的正能量。不斷用寬容來滋潤內心，所有一切苦惱自會煙消雲散。當我們願意體諒他人，心中便永遠充滿陽光。因此，能容人處且容人，心懷格局，世界便不會黑暗。

心中若有陽光，世界就不黑暗

每個人都希望自己的人生一帆風順，可現實與理想總是難以接軌，人生的路上總是布滿陰霾，寫滿曲折，甚至會夾雜一點黑暗。

每當你出門在外時，總有長輩千叮嚀萬囑咐，要你在外面一定要保護好自己，並告誡你外面的世界很黑暗，要你小心行事。久而久之，你就變得忐忑不安、驚慌失措，不再願意相信世界上還有陽光，不再願意相信希望，逐漸失去了面對黑暗的勇氣和決心。

許多人總喜歡拿身邊的人和事與自己做比較，結果比來比去，發現自己這也不行，那也不行，所有的事情都糟糕透了，於是整個人變得很沮喪，不斷地抱怨生活的不幸，心態也隨之變得很糟糕。那麼在這樣的心態下，你會發現世界也變得不美好了，因為此時你的心中沒有陽光，所以世界也就變黑暗了。

如果你的心中充滿陽光，那麼你眼中的世界必然美麗、光明，此時，你看人間必定太平盛世，你看家庭必定美滿幸福，你看朋友必定真情暖心，因為你心中的世界就是你眼中的世界。

然而，現實生活中，心中充滿陽光的人並不多，有些人心中總是充滿了陰霾，放不下愛恨情仇、功名利祿。他們在順境時，揚揚得意，忘乎所以；可當他們在逆境時，又怨天尤人，消極抱怨，在心魔的驅使下，飽含怨恨地看待整個世界。

其實，只要你的心中充滿陽光，就算周圍的環境再寒冷、再黑暗，你的世界也會陽光明媚、溫暖如春。

不管你是舉步維艱，還是一帆風順；不管你是身受束縛，還是逍遙自在；不管你是一無所有，還是富甲一方；不管你是衣著簡陋，還是貂裘加身，生活給予你的是同一片藍天下的陽光。

人生總會給人們許多考驗，有些傷痛只能自己背負，有些煩惱只能自己化解，只有冬天過去了，才能迎接絢麗多彩的春天。佛曰：「萬法唯心造。」你的心態是怎樣的，你

的世界就是怎樣的，因為心態決定了狀態，心胸決定了格局，格局決定了結局。

先來看個小故事：

有一天，在路邊修鞋的老鞋匠面前走來了一個年輕人，年輕人剛一來就大聲說：「喂，老頭，這裡的人好不好，我想搬到這個地方來住。」

老鞋匠沒有抬頭，只是問道：「你以前住的地方人好嗎？」

年輕人說：「不好，就是因為不好，我才要搬家的。」

老鞋匠說：「那你還是不要搬來了，這裡的人和你以前住的地方的人一樣不好。」

沒一會，又來了一個年輕人，他低聲問老鞋匠：「您好，老人家，打擾了，請問這裡的人好嗎？」

老鞋匠抬起頭問道：「你以前住的地方人好嗎？」

這個年輕人回答道：「我以前住的地方人很好，他們既熱情又善良，我很喜歡他們，要不是因為工作調動，我也不願意離開他們。」

老鞋匠聽到後微笑著說：「這裡的人和你以前住的地方的人一樣好，你搬過來吧。」

一樣的城市、一樣的人，可老鞋匠給出的答案卻是不一樣的。想來你已經知道了：第一個年輕人的內心充滿了陰霾，所以不管他走到哪裡都會遇到冰冷、虛偽的人；第二個年輕人的內心充滿了陽光，所以不管他走到哪裡都會遇見溫暖、誠實的人。

人生亦是如此，所有的事情都在你的一念之間，心中若有陽光，世界就不黑暗。心態往往會改變許多事，它可以改變你的眼光、你的格局甚至你的人生。

英國作家薩克萊（Thackeray）曾說過：「生活就是一面鏡子，你對它笑，它就對你笑；你對它哭，它也對你哭。」的確如此，假如你用陽光的、積極向上的心態去面對生活，那麼它回饋給你的就是驚喜；假如你整天抱怨、愁眉苦臉，那麼你的世界將被黑暗籠罩。

讓心中充滿陽光吧，用你樂觀的心態去照亮自己、感染他人。人生的高度不是由身高決定的，是由人生的價值來展現的，心中的陽光不是由太陽照耀的，而是來自你心靈深處釋放的正能量。

要知道，烏雲過後一定是晴空萬里，陰霾過後必定陽光燦爛，溫暖的陽光可以驅走寒冷和黑暗，只要你在心中留下一縷陽光，那麼世界就不會黑暗，此時，你會發現，生活真的很美好。

吃虧是福

有一句古話，叫「吃虧是福」。它告訴人們，做人要懂得適當地吃虧，才能得到更多的福氣。然而，現如今人們的功利心越來越強，許多人都喜歡處處搶先，占別人的小便宜，一點虧都不想吃，更不用說主動吃虧了，長此以往，他們只會讓自己的人生之路變得越來越窄。

其實，誰都不傻，如果真要算計，最終的結果無非是撕破臉皮、兩敗俱傷。因此，有時候，適當的吃一點虧沒什麼不好，要知道，吃得起虧的人，才是容得下人的人，才能在做事的時候得到別人的幫助，最終成大事。

有一個水泥廠的老闆，教育程度不高，也沒什麼背景，但是生意卻很好，很多年過去了也沒有衰敗的跡象。原來，他做生意的祕訣就是，不管與誰合作，都會把大部分的利潤分給他的合作者，自己只拿小利。因此，只要與他合作過的人，都願意和他繼續合作，也願意介紹新的朋友給他，這樣一來，他的客戶也就越來越多了。所有的小利集中起來就成了大利，他也就成了大贏家。

吃虧不僅是幾千年來的古人智慧，更是與人相處的策略。之所以說吃虧是福，是因為能吃虧的人都是大度的人，都是心胸開闊能容忍的人，這樣的人到哪裡都會受到歡迎和認可，他們用吃小虧來贏得大回報，所以說吃虧是明智之舉。

一般而言，懂得吃虧的人，人緣都非常好，他們心甘情願地吃虧，其實吃的不是虧，是福氣；而愛占小便宜的人，最終不僅占不了便宜，還有可能會吃大虧。人們常用「目光如豆」、「鼠目寸光」這樣的詞來形容愛占小便宜的人，因為他們總是為了眼前的小利益而丟掉了長遠的大利益，是典型的「撿了芝麻丟了西瓜」。

吃虧表面上看是被別人占了便宜，受到了一些物質上的損失，但其實得到的是別人對你的肯定，是福。而占便宜的人表面上看是得到了物質上的好處，但其實會遭受到損失，可能會愧疚、羞恥，也可能是人品、格局受損。

俗話說「宰相肚裡能撐船」，能包容一切的人，必定心胸開闊。「吃虧」不僅是一種境界，更是一種睿智、豁達的處世態度。

吃虧是福，遇事要忍讓。佛語有云：「一飲一啄，莫非前定。」沒有什麼好爭的。是你的，終會到來，不是你的，要靠自己的努力去創造，爭眼前的利益無疑是斷了自己的後路。不怕吃虧的人才會有好運，才是有福的人。因此，要學會吃虧，在遇到不公平的

事情時，不要抱怨，要知道，吃虧是福。

人的一生會遇到很多人，相聚即是緣分，因此，有時候，不要太過於計較，用平常心對待。很多時候，小事不忍，壞大事；小虧不吃，吃大虧。吃虧，是一種心態，是一種氣度，更是一種胸懷。要知道，決定一個人是否成功除了能力以外，還有格局。

有時候，你以為的捨其實是得，那些怕吃虧的人，往往一直在吃虧，而那些不怕吃虧的人，最終都不會吃虧。不過，吃虧也是有技巧的，除了要吃虧、肯吃虧外，還要會吃虧。會「吃虧」的人，往往看到的是長遠的利益以及全局的發展，因此他們有目的地捨棄小的利益，成為最後的贏家；而不會「吃虧」的人，總是沒有原則地退讓，最終只會失去發展的機會。

「吃虧」要看準時機，要吃在關鍵時刻。在現實生活中，每個人不可避免都會吃虧，既然是不得不吃，那麼你就要吃得值得。此時，就需要依靠你卓越的眼光以及掌控全局發展趨勢的能力，了解清楚對方的需求點，然後透過分析，準確得出吃虧後的所得所失，再用勇於吃虧的精神把虧吃得又好又準。

如果真的吃錯了虧，也不要懊惱，要擺正心態，從錯誤的吃虧中吸取經驗和教訓，然後總結原因，不讓自己再吃同樣的虧。

平時可以向會吃虧的人多學習，學習他們在物質上的寬宏大量，學習他們心態的平和，學習他們尊重他人，而不是錙銖必較，傲視萬物，只有這樣才是真正懂得吃虧，會吃虧，才能在吃虧中找到福氣。

「吃虧是福」是古老的東方智慧，是處世的哲學，「吃虧是福」是堅守內心的價值判斷，能讓人保持平靜、樂觀的心態。吃虧，不是讓你一味地做個老實的爛好人，而是讓你擁有奉獻精神，讓你勇於擔當，讓你多做利他的事情。

吃虧是福，如果你斤斤計較，捨本逐末，那麼你將失去更多，真正聰明的人不在乎吃虧，因為他們看中的是吃虧背後的「福利」。

難得糊塗，切勿事事較真

人生在世，難得糊塗。糊塗指的不是不明事理、真糊塗，而是看起來糊塗，實則內心清醒、大智若愚。也可以說是凡事想得開、看得開、放得下，無論發生什麼事，都朝

前看，只有這樣才能在繁雜的瑣事中解脫自己。「糊塗」的人不是真糊塗，而是把智慧藏在心裡，用簡單的心面對複雜的世界，做簡單的人，做簡單的事，遇事、遇人不計較，用難得糊塗的生存智慧，活得明白、活得舒心。

「水至清則無魚，人至察則無徒。」這句話是告訴人們，水過於清澈就會沒有魚，人過於精明就會沒有朋友。也意在告誡人們：做人不要太苛刻，不要太較真，人生難得糊塗。每個人都是獨一無二的，都有自己的性格特點及缺陷，不可能凡事都做到完美，不能用統一的標準去衡量、去苛求。

如果一味地在瑣事上較真，只會讓你和對方都陷入困局，要學會掌握分寸，恰到好處。「都道人生聰明好，難得糊塗才是真」，這才是真正的待人處世之道。

在生活和工作中，不要事事都計較得明白，難得糊塗才是最好的。如果計較的東西太多，人就會活得很累，年輕的時候喜歡計較，情有可原，可隨著年齡的增長，閱歷的增加，涵養的提高，格局的擴大，就要學會凡事看開一點、糊塗一點，切勿事事較真，順其自然才是最好的。

世界上沒有絕對完美的人，做人做事也難免會出現失誤，如果出現的失誤不是原則性的問題，就不要太過苛責。如果別人是無意間給你帶來的傷害，那麼就不要放在心上，既然過去了就不要再提，該裝糊塗的時候就裝糊塗，不要一直揪著不放。要知道，糊塗也是一種包容，也是一種智慧，它可以幫助你消除生活中的誤會和不開心。

有人說，「糊塗」就是傻，就是無動於衷，就是逃避現實。其實並非如此，「糊塗」是一種氣度，是一種修養，更是一種大智；它是一種走向人生目標的生活策略，用灑脫、豁達和飄逸笑對生活；它是一種能屈能伸、剛柔並濟的和諧交際方式；它還可以為人和事留下後路，緩解不必要的矛盾。

做人要難得糊塗，切勿事事較真。清朝年間的鄭板橋題詞「難得糊塗」，看似平凡，其實大有深意。這是他為官之道和人生之路的情況：在官場上，許多時候只有難得糊塗才能自保；在生活中，糊塗一點才能看透世事，少些煩惱，多些自在。

鄭板橋說的「難得糊塗」是一種在洞察世事之後的成熟與從容，是一種不計較、不苛求，淡泊名利、笑談恩怨的精神境界。人生要少一些較真和計較，多一些理解和諒解，用曠世豁達的態度和廣博的心胸去待人接物。

有人說：「與朋友較真，你將失去情分；與主管較真，你將失去工作；與家人較真，

你將失去親情；與社會較真，你將寸步難行；與自己較真，你將活得很累。」做人，真的不必事事較真。要知道，很多事情，不是較真得來的，而是做來的。

俗話說：「人活一口氣，樹活一張皮。」因此，許多人為了爭一口氣，怕被別人瞧不起，為了證明自己是可以的，會拚盡全力去做一件事，這本來是值得鼓勵的。但有些人往往誤解了「爭一口氣」的含義，認為「爭一口氣」就是爭一句話的輸贏，所以事事較真，生怕輸給別人。

其實，這裡面的「爭」不是讓你在口頭上爭輸贏，而是告訴你行動上的贏才是真的贏。所以，如果真的起了口舌之爭，讓他贏就好了，要知道，人生的輸贏不在口頭上。

除此之外，不管在什麼情況下都要讓自己心平氣和，要學會控制自己的情緒。在現實生活中，經常有人會為了一個說法或者因為別人無意間的一句話而產生負面情緒，甚至引發爭執。通常在負面情緒的影響下說出的話很傷人，也很難聽，所以，沒有必要為了一句話而較真。

與親近的人較真，不僅會傷害到對方，而且還會影響彼此之間的感情，而與陌生人較真就更沒有必要了，畢竟大家都不熟，這種費力不討好的事還是少做為好。因此，別再讓負面情緒傷人又傷己，適當地糊塗，你會發現得到得更多。

要知道，並不是得到得越多就越快樂，而是計較得越少就越快樂。

每個人都想活得自在又快樂，可快樂究竟在哪裡呢？快樂在你的心裡，快樂取決於你看待事物的態度，如果你事事較真，事事要贏，那麼無疑是自尋煩惱，不僅會影響自己的心情，而且對你的人際關係也不利。所以，做人要難得糊塗，切勿事事較真，不要太過精明，要遇事鎮定，遇人和氣，這樣你才能擁有海納百川的胸襟與氣度。

幫助別人，就是幫助自己

在一些人的固定思考模式中，認為只要是幫助別人，自己就會有所犧牲，認為別人得到的同時，自己也失去了一些東西，比如，時間、精力、財物和體力等。其實，這些並不意味著失去，愛默生（Emerson）曾說過：「人生最美麗的補償之一，就是人們真誠地幫助別人之後，同時也幫助了自己。」人生就像山谷的回聲，你呼喚什麼，就會聽到什麼；人生就像耕種，你播種什麼，就會收穫什麼。因此，當你在幫助別人的時候，就是幫助你自己。

每個人都不可能脫離社會獨立存在，總會有遇到困難的時候，總會有自己解決不了問題的時候，此時，你也需要別人的幫助。當別人幫助你的時候，你會心存感激，希望以後能回報對方，同樣，當你在別人困難的時候給予幫助，別人也會心存感激，希望日後能回饋你。

冬季的某一天，兩位山友結伴去登山，他們查詢了相關資料後就起程了。

兩人來到山腳下，高大險峻的山峰就在眼前，此時的山峰銀裝素裹，白雪茫茫，彷佛亭亭玉立的女神一般。

剛開始爬的時候還比較輕鬆，可當他們爬到半山腰的時候，兩人體力明顯不支，突然，又下起了暴風雪，在風雪中，兩人失去了方向，而正好手機也沒有訊號。

兩人沒有辦法繼續前行，只得試圖摸索下山的路，突然，一個人驚訝地叫道：「那裡好像有一個人。」兩人走近了發現雪地裡躺著一個人，看裝備也是一位登山愛好者，雪沒有把他完全淹沒，看樣子是凍暈過去了。

在漫天的雪花中，兩人都在沉思，其中一個人表示本來就體力不支，又迷路了，沒有辦法幫助別人；而另一個人則表示要堅持救人，不能見死不救。兩人為此大吵起來，堅持往回走的人說：「這個時候的情況本來就特殊，我們連自己都救不了，怎麼去救別人，何況還是一個垂死之人，如果你堅持要救，只會連你的命也丟掉，你會後悔的。」說完轉身離開了。

茫茫的雪地上只剩下好心的山友和躺在雪地裡命懸一線的人，為了救醒昏迷的登山者，好心的山友傾盡全力為其按摩、取暖，昏迷的登山者慢慢地甦醒了，好心的山友餵了一些熱水給他。經過交談，山友才知道登山者是一位氣象學家，對這一帶的地形、氣候都很了解，這次是因為摔跤才導致的昏迷。

後來，等身上恢復體溫後，氣象學家帶著這位給予他幫助的山友找到了下山的路，而前面那位轉身離開的山友，卻再也沒有回來。

故事中的好心山友，因不求回報、好心幫助別人，最終得以生還，而另一位山友卻因為自己的自私喪失了生命。

其實，在現實生活中也是如此，當你幫助別人的時候，也不經意地幫助了自己。

世界很大，芸芸眾生之中，你永遠不知道自己可能會遇見誰，誰又會是你的貴人，未來會為你帶來什麼樣的幫助。所以，只有你主動去幫助別人，才有可能獲得別人的幫

助，如果你總擔心別人從你這裡拿走什麼，那麼你也不可能從別人那裡得到什麼，如果你緊握自己的雙手，那麼就不可能牽到別人的手。

有些人願意付出，是因為他們希望自己的付出能得到相應的回報，所以，現實生活中，許多人把對別人的幫助建立在有回報的基礎之上，甚至有的人只選擇幫助那些對自己有用的人，而對那些沒有利用價值的人就選擇漠視。這種帶有功利性的幫助，不是真心地幫助別人，也失去了幫助本身的意義，要知道，只有真心地幫助別人，才是真正地幫助自己，才能獲得成功。

俗話說：「贈人玫瑰，手留餘香。」當你幫助別人的時候，自己也是有所收穫的。這些收穫不是直接的、物質上的收穫，而是一種間接的、精神上的收穫，比如幫助別人後內心的滿足，比如境界的提升等等。雖然這些收穫看似不實惠，但是這種可以讓你長期受益的精神食糧會為你的生活帶來不一樣的點綴。

要知道，幫助別人是一種雙贏，如果你想要獲得成功，就離不開別人的幫助。就算現在需要你幫助的人只是一個毫不起眼的落魄乞丐，也許未來的某一天，他會給予讓你的人生發生巨變的力量。

請相信人生的蝴蝶效應，它所帶來的改變無人能擋。當你幫助別人時，你損失的可能是一些看似不必要的付出，但是其實你已經為自己種下了一顆能量未卜的種子。就算未來你沒有得到回報，這些損失對你來說也是微乎其微，可如果你幫助的人變成了你的人脈資源，那麼你所得到的回報將超出你的付出。

一個人想要獲得成功，離不開別人的支持，這些支持就是一種信任，而這份信任往往來自你對別人的幫助，因此，你幫助的人越多，以後會幫助你的人也就越多。如果你的心胸只能容得下眼前的利益，總選擇有利於自己的人和事，那麼，你就不能獲得更多的信任和更多的財富。因此，幫助別人就是幫助自己，要想成功，就先從幫助別人開始吧！

小氣的人難成大器

在本節開始前，先講個笑話吧！

萬老爺是鎮上的有錢人，但是他也是出了名的「小氣鬼」。有一天，他生病了，請了醫生來替他看病，醫生說病情相當嚴重，藥方裡需要用人蔘。

萬老爺一聽要用人蔘，就連忙說：「人蔘多貴呀，我買不起。」

醫生說：「沒有人蔘也可以，那就用熟地，只是藥效沒那麼好。」

誰知萬老爺還是搖了搖頭說：「熟地也很貴，有沒有更便宜的？」

醫生沒有辦法，開玩笑地說：「有個方子倒是不要錢，看你用不用，用乾牛糞調點紅糖也是可以的。」

萬老爺聽後大喜，但還是不死心地問：「光用乾牛糞，不放糖可以嗎？紅糖還要花錢呢！」

醫生頓時無話可說。

這個笑話中的萬老爺可謂是小氣到家了，自己生病了都還一毛不拔，不愧是出了名的「小氣鬼」。

「小氣」指的是氣量小、胸襟小，這裡的「小」並不局限於物質、金錢上的小，而是可以擴散到日常生活和工作中，比如，愛記仇、愛嫉妒，那麼這個人就是心胸狹小；愛算計、愛攀比，那麼這個人就是自信不足；愛挑撥離間，見不得別人比自己好，那麼這個人就是人品差等等。各種小的格局加在一起，自然就是一個小氣的人，這樣的人是很難成大器的。

其實，在現實生活中這樣的人不在少數，他們吃餃子都會數一數，看數量對不對，更有甚者買菜的時候都要帶上自己的小秤，他們已經養成了喜歡占小便宜的習慣。

與這一類型的人接觸多了，你會發現：只要是飯局，他一定不會付錢，即使大家都平均分攤，他也一定有各種藉口不買單；只要是請他幫忙，他一定會分析利弊，算清自己的得失，然後有所選擇地幫忙，如果關係到他的利益，那麼態度會來個一百八十度大轉彎；只要是出門旅遊，他一定是「滿載而歸」，旅行箱裡塞滿了飯店的牙刷、拖鞋、茶葉、浴帽等等，還一本正經地說：「這可是我花了錢的，為什麼不能拿？」

他們覺得自己特別「精明」，充滿了生活的「智慧」，覺得自己所做的一切都是理所當然的。

張亮去A地出差的時候，意外遇到了來機場送人的大學同學魏濤，那個時候，同寢室的都喜歡叫他「精明男」。兩人寒暄了一陣後，約定等張亮辦完事後一起吃頓晚飯。

兩天後，張亮如約而至，魏濤見面時很高興地說請他到一家很有特色的餐廳吃飯，他們倆步行了很久，繞了很多的路，終於在一家不起眼的餐廳前停了下來。只見餐廳門

前貼著巨幅廣告，上面寫著：「新店開張，啤酒免費送！」張亮此時才明白，他的老同學沒什麼改變，還是那個小氣的「精明男」。

既然來了，張亮也沒有再說什麼，他們隨意找了一張桌子坐了下來，點完菜後服務生拿了四瓶啤酒上來，說是做活動送的。菜還沒上，他們就喝起酒來，沒多久他們的酒就喝得差不多了，魏濤要服務生再拿兩瓶啤酒過來。

服務生說：「啤酒是八十元一瓶，您需要幾瓶？」

魏濤聽後很詫異地問：「不是說啤酒免費送嗎，為什麼還要收費？」

服務員解釋道：「我們的活動是每桌免費贈送四瓶啤酒，多出來的都是正常收費，八十元一瓶。」

結果魏濤說：「怎麼這麼小氣，那我買單了。」

正當張亮疑惑的時候，魏濤已經結帳了，因為只上了一個菜，所以只花了一百多塊。張亮正往外走時，魏濤拉住了他，並在另外一張桌子坐了下來。對此張亮很是不解，沒多久，他才恍然大悟，魏濤認為當他們重新坐下來後，就變成了新的一桌，這樣就又可以享受每桌送四瓶啤酒的優惠了。

這個舉動讓張亮食慾全無，而且餐廳其他的顧客都看著他們，讓張亮感覺很是尷尬，恨不得找個地洞鑽進去。可魏濤還在那裡揚揚得意，說道：「這個餐廳辦活動真是小氣，對付小氣的人就要想辦法整治他。」聽到魏濤的話，張亮只覺得無語，不禁在心裡感嘆，這位老同學真不愧對「精明男」的稱號。

上面故事中，「精明男」是真的「精明」，真的「有智慧」嗎？當然不是，一個真正精明又有智慧的人是絕不會因小失大，讓小的格局限制自己的大發展的。

那些把眼光和心胸都盯在小恩小惠上的人，看到的只有眼前的利益，他們為了得到小利浪費了太多的時間和精力。這樣的人先不說他們有沒有機會成大事，即使有機會，他們也會為了小利而沒有時間去完成大事。

小氣的人難成大器，換句話說，也就是只有大氣的人才能成大器。這裡所說的「大氣」主要表現在以下三個方面：

對人寬容

在現實生活中，人與人之間難免會有摩擦，會有衝突，會有利益糾紛。當別人的一句話或者無意間的一個動作對你造成了傷害的時候，你不能因此記仇、記恨對方，而是

應該選擇在恰當的時候直接告訴對方你的想法，儘早解除誤會，或者你可以選擇忽視別人的無心之過。只有對人寬容、對人大氣，才能與人和諧相處。

對事寬容

人生在世，會遇到各式各樣的事，這些事有高興的，有悲傷的，有幸運的，有挫折的，你不能總是去糾結那些只關乎利益的事。有時候，該付出時就要付出，該過去的就讓它過去。不要喜怒形於色，不要遇到有利於自己的就忘乎所以，遇到不利於自己的就滿面愁容。這樣會讓人覺得你是一個沒有擔當的人，沒有擔當的人又如何能成大器？

對己寬容

千萬不要小鼻子小眼睛，為了那些失去的小利益，不停地抱怨、惋惜，更不能為了得到一些小的利益而處處算計。要試著心胸開闊，不要把個人的利益看得太重，要學會換個角度去看待自己得到的，這樣才能遇事豁達，淡然處之。

只有這樣，才能擁有大氣度和大境界，才能容得下別人，才能成大事。因此，請主動打開氣度的大門，讓小氣出去，請大氣進來，讓大氣幫助你成大器。

寬容別人等於寬容自己

生活中，我們常常會遇到這樣的情況，當自己犯錯的時候，要麼選擇視而不見，要麼總是很輕易地原諒自己，而當別人犯錯的時候，總是揪著別人一點點的錯誤不放。

正如一位德國神學家所說：「我們很少用同樣的天平去衡量鄰居。」這其中大部分是因為沒有一顆寬容的心，不懂得寬容別人，以至於總是小題大做，而自己所犯的錯誤不管是大是小，都會找理由原諒自己。

比如當你發現別人說謊的時候，可能會不自覺地站在道德的制高點，責怪他不誠實，甚至無限上綱，一點情面都不留。可是，捫心自問，難道你自己一次謊都沒有說過嗎？

人性是複雜的，包含偉大、善良、邪惡、高尚，人性也是相似的，沒有誰比誰更壞或是更好，你能寬容自己，為什麼不能寬容別人呢？

寬容可以讓人變得更幸福，不信來看看下面這位阿姨的故事。

有一位阿姨在她五十週年金婚紀念日的這一天，向在場的來賓講述了她這麼多年保持婚姻幸福的祕訣。

她說：「自從我結婚起，我就打算列出我丈夫的十個缺點，為了保證婚姻的幸福，我對自己承諾，只要他犯了這十個當中的任何一個，我都選擇寬容他。」

這時，有人問道：「請問是哪十個缺點呢？」

阿姨笑著說：「實話跟你們說吧，這五十年來，直到現在我都沒有把具體的十個缺點列出來。每當他犯錯，把我氣得要死的時候，我就馬上提醒自己：他犯的是我原本準備列出的其中一個，我可以原諒他，所以最後每次都原諒他的錯誤了。」

這個故事告訴人們，當你面對生活中的小衝突時，如果能像故事中的阿姨一樣擁有一顆寬容的心，那麼你會發現，其實寬容別人，自己也會很幸福。

當你寬容別人的時候，也是在寬容你自己。彌勒佛像前有一副對聯：「大肚能容，容天下難容之事；笑口常開，笑世間可笑之人。」意思就是要有一顆寬容之心。寬容是一種強大的人格力量，它能產生凝聚力和感染力，使你的朋友越來越多，敵人越來越少。

寬容是一種豁達的人生態度，從古至今，多少民族恩怨在寬容中冰釋前嫌，多少部落在寬容中化干戈為玉帛，共同播下感激的種子，收穫祥和。

眾所周知，即使太陽再光芒萬丈也有照耀不到的地方，即使月亮再美也有陰晴圓缺，世界上沒有十全十美的人，每個人都會犯錯，要學會寬容別人的錯誤。大海之所以能容納百川，是因為它懂得寬容，用寬容的姿態接受不同的川流，所以才會廣闊無邊，連大自然都是如此，更何況渺小的人類呢？

雖然有時候寬容會讓你不甘心，但是這些負面情緒都只是短暫的，正所謂：「事在人為，境由心造，退一步海闊天空。」寬容就是用寬闊的胸懷去面對人和事，寬容不僅是一種崇高的品德，更是一種與人和諧相處的素養，它可以讓你吸取別人的長處，充實自我內心。

其實，在日常生活和工作中不難發現，原本複雜的事，如果用寬容的心態去處理，就會變得很簡單；而原本簡單的事，用苛刻的心態去處理，就會變得很複雜，這就是我們所說的大事化小，小事化無。

通常寬容的人都具有海納百川的心胸，他們用一顆平常心去對待所有的人和事，因此他們的人生晴朗無比，他們可以接受自己的缺陷，也可以接受別人的不足。人生在世，難免會與別人產生摩擦和衝突，只要用海一樣的胸懷去寬容別人，還有什麼是不能化解的呢？

當別人批評你的時候，如果你用敵對的眼光看待別人的批評，處處設防，那麼最終你會陷入痛苦的深淵；如果你用一顆寬容的心去看待別人的批評，心平氣和地審視自己，那麼你會發現有時候別人的批評是為了讓你做得更好。時常擺出仇恨的姿態，只會傷了彼此之間的和氣，堵塞通往成功的道路。

寬容別人等於寬容自己，當你留臺階給對方的時候，對方也會留臺階給你；當你留面子給對方的時候，對方也會留面子給你，這樣才能多一個朋友，多一條出路。生活總會給人們太多「驚喜」，也許曾經那個毫不起眼的人會在某一天崛起，所以，做任何事都要留有餘地，用寬容的心對待別人，為別人也為自己留一條後路，把目光放得長遠一點。

一位哲學家曾經說過：「天空收容每一片雲彩，不論其美醜，故天空廣闊無比；高山收容每一塊岩石，不論其大小，故高山雄偉壯觀；大海收容每一朵浪花，不論其清濁，故大海浩瀚無比。」這句話無疑是對寬容最生動的詮釋。要學著用放大鏡去看別人的優點，用顯微鏡去看別人的缺點，只有這樣才能擁有寬容的心境，看到別人更多的優點，用寬容自己的心去寬容他人，才會擁有更廣闊燦爛的天地。

但是，寬容並不是毫無原則地原諒，更不是逆來順受、忍氣吞聲，而是一種基於原則之上的處世之道。學會寬容，你會發現世間萬物的美好，你會感受生活的美妙，你會讓原本平淡、枯燥的生活散發迷人的光彩。

懂得分享的人，會得到更多

唐代著名詩人杜甫在〈客至〉一詩中寫道：「肯與鄰翁相對飲，隔籬呼取盡餘杯。」此時的杜甫結束了長期顛沛流離的漂泊生涯，終於定居下來，這份喜悅之情在與鄰翁的分享中得到了昇華。

其實，在現實生活中也是如此，不管你是快樂，還是煩惱、憂愁，總想找個人聊一聊，想和對方分享你的快樂和痛苦。正是這種分享的心理促進了人與人之間的交流。

如果你與別人分享快樂，那麼除了能讓別人感受到你的喜悅外，還能收穫別人的祝福和鼓勵，而這些祝福和鼓勵又可以化作前進的動力，讓自己更好地前行。如果你向別人傾訴悲傷的事，那麼分享就可以變成你煩悶時的一個發洩出口，不僅可以減輕你的心理壓力，而且別人的客觀分析可以給你建議，讓你更好地解決煩惱。

培根說：「如果你把快樂告訴一個人，你得到的將是兩份快樂；如果你把憂傷告訴一個人，你將只得到半份憂傷。」分享是一件利人又利己的事。

在一個沒有電梯的舊大廈裡，住著一個盲人，這個盲人每天吃過晚飯後都會從三樓摸索著下到一樓，到社區散步。有一天，他碰到了一個鄰居，問走廊裡的燈晚上亮不亮，鄰居覺得一個盲人問燈亮不亮很奇怪，但還是回答：「都是感應燈，暗得很。」盲人聽到後，若有所思地點點頭離開了。

沒過幾天，盲人經過大廈管理業者的同意，告知鄰居們，自己願意替大廈補貼費用，把走廊裡的燈泡都換成 LED 燈泡，這樣到了晚上走廊就會明亮許多。

鄰居們都感到非常奇怪：一個盲人，本來就看不見，就算是上下樓梯也是順著牆摸索，既然這樣為什麼還要在意燈泡的亮度呢？這種事不是應該看得見的人去做嗎？

後來，終於有人忍不住問盲人：「你為什麼要自掏腰包付費換燈泡呢？燈泡的亮度對你來說並沒有太大的意義呀？」盲人回答：「我確實看不見燈，可是看得見燈的人能看到我啊，如果燈泡亮一些，那麼，我散步回家的時候，你們就不會因為光線不好而不小心撞到我了，這樣不是更好嗎？」鄰居恍然大悟。

上述案例中的盲人正是因為懂得分享，懂得只有別人便利了，自己才更便利的道理，最終達到了雙贏。如果盲人很自私，認為反正自己也看不見，走廊裡的燈夠不夠亮與自己沒有什麼關係，那麼就可能因為光線太暗而被鄰居撞到，就會造成雙方的損失。

懂得分享的人，自己會得到更多。可是，現如今，人們過度地追求物質生活，忽略了精神生活，總是不願意分享，生怕別人從自己這裡拿到什麼好處，比自己過得好。其實，這樣的人永遠被自己小小的格局所困，只能活在自己小小的世界中，他們不會理解別人的快樂和悲傷，因為他們把自己緊緊地包裹起來，也不與人分享自己的快樂和悲傷，長此以往，就變得越來越狹隘，最終失去朋友，甚至失去發展的機會。

其實，學會分享並不難，分享不一定需要你大手筆的作為，有時候，它只是生活中的一些小事而已。比如，你可以每天為身邊的人講一個笑話，你可以在下雨天把傘分享給沒有帶傘的陌生人，你可以去離你最近的養老院陪陪那些孤單的老人，你可以把吃剩的飯菜留給流浪貓。

分享，可以從這些力所能及的小事做起，久而久之，你會發現，你的內心充滿了喜悅之情。有時候，不一定要豐盈的物質，不一定要人時時刻刻的陪伴，只要你懂得分

享，你依然可以生活得很滿足，很幸福。

明朝作家洪應明在《菜根譚》中說：「路徑窄處，留一步與人行；滋味濃時，減三分讓人嘗。此是涉世一極樂法。」意思是告訴人們：當路很窄的時候，要留一點地方供別人走路；當你享受美食的時候，要分一點給別人吃，這才是為人處世的最佳方法。

美國的國父富蘭克林（Franklin）曾說過：「我讀書多，騎馬少，做別人的事多，做自己的事少。最終的時刻終將來臨，到那時但願我聽到『他活著對大家有益』，而不是『他死時很富有』。」要知道，分享才能創造雙贏，因此要切記，不管什麼時候都不要吃獨食。一個懂得分享的人，才懂得愛與責任；一個懂得分享的人，才知冷暖、知風雨；一個懂得分享的人，才懂得心懷格局，有容乃大。

分享，不僅可以讓你得到物質上的回報，而且還能為你的心靈帶來前所未有的安全感和滿足感。分享的過程就好像是種樹，前期你要辛勤地工作，看不到任何回報，可後期你會發現，樹上都結滿了果實，而且是碩果纍纍。所以，請試著分享吧，你會發現人生處處充滿了驚喜。

別讓偏見占據了你的理智

每個人都會無意識地對某個人或某件事產生偏見。這份偏見有可能是民族意識，比如，說起某一國人，人們就會有一種仇視感，不管這個對方是誰，究竟有沒有做過傷害自己國家的人的事。這份偏見有可能是種族歧視，比如，許多白人就對黑人嗤之以鼻，不管這個黑人有多偉大。還有一些偏見來自你身邊人的影響，比如，一個你從未見過的人，但是你之前聽朋友或是家人對其有不好的評價，所以當你見到這個人時，會不自覺地處處看他不順眼，即使他做得再好，你也會覺得不好。

偏見就是這樣的，當它存在於你的腦海中時，會讓你的思想不受自我控制，你會不自覺地將一個人好的行為縮小，將一個人不好的行為放大。這種失去正常感知，不能客觀地、正確地看待人和事的行為，會激發你的負面情緒，使你失去理智，變得更衝動。

說了這麼多，那麼偏見究竟是什麼？《辭海》中對偏見的解釋是：「在社會心理學上，指妨礙正確感知資訊和行為的態度。」

而美國社會心理學家阿倫森（Aronson）給出的定義是：「偏見是人們依據有錯誤的和不全面的資訊概括而來的、針對某個特定群體的敵對的或者負向的態度。」

通俗地說，偏見是人們對世間萬物的主觀臆斷，帶有強烈的主觀色彩，是典型的人論事，是片面的看法。

如果你對一個人有偏見，那麼你會在不經意間對這個人表現出輕視和傲慢的神情；或者是對這個人極不禮貌，會說出一些帶有暗示性或是諷刺的話；或者將各種與此人有關的都牽扯其中，如果這個人失敗了，你會幸災樂禍，可如果這個人成功了，你只會覺得是這個人運氣好，並不是這個人本身的功勞。

要知道，偏見是魯莽的、狹隘的，偏見會讓你失去原本可以和諧相處的朋友，會讓你把原本能做好的事搞砸，會讓你看不清事情的本質和真相。長此以往，這種魯莽和狹隘會貫穿於大大小小的事情中，會讓原本在身邊的朋友、幸運和機遇都離你遠去。所以，不管什麼時候，都不能讓偏見占據了你的理智，要學會把偏見扼殺在搖籃中，不讓它控制你的思想。

找到偏見形成的原因

偏見形成的原因有很多，其中最主要的原因是觀念差異、性格和環境的不同以及後天的影響。

每個人的成長環境和教育環境都是不一樣的，因此產生的觀念也是不同的，就連區分是非黑白的觀點都會有所不同。當人們遇到與自身成長環境不一樣的人的時候，自然會產生偏見。

比如，一個成長在順境中，沒有吃過太多苦的人，喜歡安逸、和諧的生活，因此他不會對性格隨和、「人性化」管理的上司產生偏見，會認為上司的安排處處合理。可如果恰巧上司是一個公私分明、做事嚴謹，喜歡「制度化」管理的人，那麼他就會對這位上司產生一種偏見，不管上司做出什麼樣的工作安排，都會認為上司很苛刻。

一般性格外向的人不太喜歡內向無趣的人，而愛熱鬧的人不太喜歡孤僻的人。不同的性格會導致每個人不同的喜好，不同的環境也會影響一個人看事情的角度。

只有找到了偏見形成的原因，才好對號入座，就猶如看病，只有找到病因才能更好地對症下藥。

保持心平氣和

當一個人的理智被偏見占領的時候，這個人會變得異常敏感，會無中生有、斷章取義，甚至誇大自己的負面情緒。此時，為了避免不必要的衝突，你要保持心平氣和，要

用寬廣的胸襟去接納、去理解，而不是把所有在意的話和事放在心上，耿耿於懷，只想著「出口惡氣」，這樣是不利於保持良好心情的。如果能對著自己不喜歡的人微笑，就說明你是一個成熟、理智的人。

主動及時地溝通

有時候，偏見來自誤解，而這種誤解很有可能來自先入為主的傳言。通常，傳言都是以語言為橋梁進行傳播的，因為每個人都有自己的想法，所以每一句傳言多少都會帶入傳播者本身的主觀意識。

此時，你不能被傳言左右了思想，應該親自去看、去問、去證實，而不是根據別人的言論進行分析和思考，然後做出錯誤的判斷。要知道這種判斷是建立在「有色眼鏡」的基礎之上的，如果你想去除這層色彩，做出客觀的評判，那麼最簡單的辦法就是與對方及時溝通。

溝通時要採取主動、冷靜的態度，用適當的話語說出聽到的傳言，然後提出疑問，這樣不僅能獲得你想要的真實資訊，而且還能化干戈為玉帛，消除對對方的偏見。

建立正確的自尊心

每個人都有自尊心，都不容別人歧視和侮辱，也正是因為如此，人們才自覺接受社會道德和法律的約束，承擔社會給予的責任。但是，如果一個人的自尊心太過膨脹，就會變得很自大，總認為自己高人一等，為了維護自己所謂的自尊心，就容易對別人產生一種偏見，從心裡刻意醜化別人，認為所有的事都是別人的過錯，自己是沒錯的，這其實是一種過度放大自尊心的表現。

因此，要時刻保持謙遜的態度，建立正確的自尊心，不要讓自尊變成自負，更不要把自尊心建立在偏見上。

使命感決定了你的財富值

通常，有使命感的人都是心懷天下的人，而心懷天下的人自然會獲得更多的財富。在本節開始之前，先來看兩個名詞解釋。

第一個是使命感。所謂使命感是指一個人自我天生屬性的尋找和實現。說得通俗一點，就是一個人對生活、對生命的責任與任務。

使命感是一種責任，更是推動事業的重要力量。一個有責任感的人，才會主動地要求自己、督促自己，讓自己勇往直前。不管是自己想做的事還是不想做的事，不管是輕鬆的事還是困難的事，都會一如既往、打拚到最後。

使命感也是人們對理想的忠誠和熱愛，只有當使命感貫穿於理想的時候，人們才會堅定自己的信念，無懼風雨、勇往直前，這樣理想才能變成現實。

假如說理想是一粒種子，那麼使命感就是讓種子長成參天大樹的土壤、水分、空氣和細心的呵護。試想一下，如果只有種子，沒有土壤和水分，那麼再好的種子也不會生根發芽，如果沒有你細心的呵護，更不可能長成參天大樹。

如果一個人沒有使命感，那麼這個人就很容易被小小的困難擊退，更不可能戰勝更大的困難，當然也就不能實現遠大的理想和抱負。

第二個是財富值。財富值一般指的是一個人擁有財富的多少，而這裡指的是一個人的財富格局，換句話說就是未來可能會擁有多少財富。

每個人的財富格局是不一樣的，一個人能擁有多少財富取決於他的財富格局，而一個人財富格局的大小又取決於他對財富獲得的認知。可以說，使命感是財富值成立的必要條件，而財富值又是使命感存在的必然結果，所以，使命感和財富值是相輔相成的，二者缺一不可。

如果光有財富值，沒有使命感，那麼就猶如失去地基的空中花園，雖然能獲得一時的壯麗，但最終會因為缺乏扎實的地基而轟然倒塌。

如果光有使命感，沒有財富值，那麼就會顯得太過虛無飄渺，會讓人們迷失方向，找不到前進的動力。

有些人雖然找到了自己的使命感，但是卻沒有在實際行動中找到與使命感相連的財富通道，所以，這份使命感沒有轉化為財富值；而有些人雖然找到了通往財富的道路，卻沒有找到使命感，所以，也很難擁有很多的財富。

這就好比一個人非常希望自己能像超人一樣幫助別人，並把幫助別人當做自己的使命，可是在實際行動的過程中，卻只模仿了超人的經典外表、動作和語言，沒有付出具體的行動，那麼最終他是不可能變成超人的。因為如果使命感沒有得到實際的延續，是不會轉化成實際有用的價值的。

如果這個人除了擁有超人的使命感，同時還意識到只有自己強大才能幫助他人時，

就會不斷地努力，讓自己變得更強大，這樣當他擁有超人般的能力時，就會實現自己「超人」的夢想，並且同時獲得極高的聲譽和更多的財富。

使命感不但可以成為財富值，而且還可以決定財富值的大小。

山姆．沃爾頓（Samuel Walton）把「希望全世界的人都能用最低的價格買到日用品」作為自己的使命，因此就有了沃爾瑪超市，並使其成了全球最大的連鎖零售企業。

比爾蓋茲（Bill Gates）把「希望全世界的人都能懂得電腦的好處，讓電腦為人類造福」作為自己的使命，因此，他成立了微軟，開發電腦軟體，最終成為世界首富。

亨利．福特（Henry Ford）把「讓全世界的每個家庭都能擁有自己的汽車」作為自己的使命，因此，他創立了福特汽車公司，採用流水線的生產方式使汽車成為一種大眾產品，有人稱他為「為世界裝上輪子的人」。

這些富翁之所以能成就偉業，是因為他們擁有使命感，把所有的事都當成自己的事，並力求做到最好，因此獲得了龐大的財富。

古人云：「人必有堅韌不拔之志，方有堅韌不拔之力。」要想成就一份偉大的事業，必須有一個偉大的理想，也就是使命感。使命感可以促進偉大事業的成功，這說明使命感對於想要創造財富的人來說是非常重要的。

一個有使命感的人一定是有大志向、大理想的人，這樣的大志向建立在整個社會之上，是一種成就小我，完成大我的胸懷。只有擁有使命感的人才能不斷地奮鬥、無所畏懼、所向披靡。

在做大事的人的心中，使命感是他們做任何事的依據，是他們前進的動力和強大的精神支柱。在使命沒有實現之前，那些短暫的黑暗和苦難都是那麼的微不足道，那些小小的成就都算不上成功。他們會堅持到底，朝著自己理想中的樣子，拚命地實現自己的使命，這樣才能獲得下一步的成功。

一個有使命感的人一定是珍惜生命、活在當下的人，這樣的人明白生命和生活的內在意義，更懂得用感恩的心去面對生活，珍惜來之不易的生命。所以，有使命感的人在做大事之前都會從大局出發，考慮清楚後，再做出萬全之策，這樣才會更容易成功，從而獲得更大的財富。

使命感決定了你的財富值，所以，從現在開始，請帶著使命感去做事，等你真正學會不拒絕、不抱怨、不爭辯、不猶豫的時候，你就離成功的彼岸又靠近了一步。

第四章

修練格局，自取其道提升自我

每個人的時間、精力都是有限的，所以我們要做好明確的人生規劃。規劃人生是修練格局的一個重要組成部分，富蘭克林曾說：「寶貝放錯了地方便是廢物。人生的訣竅就是找準人生定位，定位準確能使你更好地發揮特長。經營自己的長處能使你的人生增值，而經營自己的短處會使你的人生貶值。」想擁有大格局，就不要隨波逐流，做好人生規劃，做好定位，在以後的舞臺上才能綻放自我。

不慍不怒，做自己的情感導師

說到情緒，很多人難免會這樣想：情緒嘛，有了當然要發洩呀，不發洩難道還憋著自己生悶氣不成？生悶氣固然是不對的，但放任情緒的宣洩也不一定對，因為一個不小心，你就會被自己的壞情緒帶入尷尬兩難的境地。

人生在世，不如意事十之八九，如果遇到一點挫折和困難就滿腹抱怨，那人豈不是個個苦大仇深？如此，你的生活還怎麼繼續，你的理想還怎麼實現呢？所以，控制情緒真的很重要，只有不慍不怒，做自己的情感導師，學會自我開解與調節，你才能在工作中、生活中遊刃有餘地發展你的人際關係，追尋你的成功理想。

別總是跟自己過不去

每個人都有開心或難過的時刻，為什麼有的人無論你何時何地見到他，他都是神采奕奕笑容滿面？有的人卻總是精神不振愁眉苦臉？區別就在於，愁眉苦臉的人總是自己跟自己較勁，什麼事都喜歡放在心上。

冉冉的社群平臺，幾乎成了不良情緒的宣洩地。每天都在不停地抱怨：埋怨男朋友不夠溫柔體貼，沒有甜言蜜語；數落餐廳服務生不夠熱情；抱怨同事在工作上沒有積極配合；抱怨上下班路上塞車嚴重，搭車不便……

整個社群平臺充斥著滿滿的負面情緒，總之，冉冉沒有一天不在抱怨。閨密好心提醒她，在社群平臺抱怨主管和同事是職場大忌，會影響工作的發展和人際關係。

但冉冉滿不在乎地說：「我才不管呢，誰讓我不痛快，我就要讓他不痛快。更何況，我這說的也是事實呀！隨便他們怎麼想。」

長期如此，冉冉不僅成了眾矢之的，被同事們孤立了起來，甚至連工作都沒法進行下去。沒過多久，她便辭職了。

其實，不管是在工作還是生活中，一個人若不能學會控制自己的壞情緒，不但會讓

自己整天處在焦慮與緊張的環境中喘不過氣來，還會對身邊的人帶來無形的壓力。久而久之，身邊的人便會選擇逃離負面情緒的包圍圈。

心情不好的時候，為什麼不能試著放鬆自己呢？放鬆心情，多給自己一些鼓勵，心胸自然也就開闊起來了。

笑一笑沒什麼大不了

每個人都有七情六慾，但當你隨心所欲情緒爆炸時，你可曾考慮過他人的感受；當你無緣無故涕淚如雨時，你可還記得手上的工作沒有完成；當你反覆無常怒髮衝冠時，你可想過你背後的家人？

如果你發洩不良情緒時絲毫沒有考慮過這些，那麼，終有一天，你會讓自己陷入悔恨交加的境地。

王軍是一名保險公司的業務員，一天，他到客戶家中推銷公司的新產品。在與客戶寒暄的過程中，明知客戶家中有病人，心情不太好，他還喋喋不休一個勁地誇獎新產品的優勢，想說服客戶購買。但心情不好的客戶根本就不想聽王軍的嘮叨，當場拒絕並將他轟了出去。

眼看業績還無著落的王軍很是氣憤，被轟出來後，便撿起路上的石頭砸了客戶家的窗戶。

這一幕剛好被巡邏的保全人員看見，保全人員把他送到了派出所。到了派出所，冷靜下來的王軍悔不當初，認為自己如果當時能控制好自己的壞情緒，此刻也就不會坐在派出所裡了。

既然無法強求，為什麼不嘗試去發展其他客戶呢？為什麼不換個角度想，客戶這次不同意，興許下次時機對了、言語誠懇一些，客戶就同意了呢？

這樣一想，是不是心情瞬間就會好很多？笑一笑，其實沒什麼大不了。要知道老天對你關上了一扇門，一定還會為你留下一扇窗，只要換個角度想問題，你就會發現，人生處處充滿了機會。

好心情是自己努力創造的

正所謂千人千面，這世上每個人的性格與情緒都是不同的，即使你對人心生不滿，看不慣他人的所作所為，可是你又能怎樣？你無法改變他人的行為舉止、一言一行，那就只有學著改變自己，這樣才不會讓自己的心情變得糟糕透頂。

小娟大學畢業，進了一家公司實習。她不僅工作勤奮、腳踏實地，而且還是同事眼中的「開心果」，因為不管面臨怎樣的煩惱，她都能輕鬆應對一一化解。

有次，小娟與同事一起去鄰近的A市考察專案，到了目的地卻因客戶臨時有事而被放了鴿子。大熱天的驕陽似火，同事們都滿腹牢騷，不停地抱怨，小娟卻一臉平靜從容地安慰大家說：「何必與自己的身體嘔氣呢？客戶雖然放了鴿子，但我們也可以利用這個時間考察一下周邊環境呀，知己知彼才能百戰不殆……」

前一秒還擔心白忙一場的同事們，聽了小娟的這番話，立刻振作精神投入到了周邊環境的考察中。正因為提前做好了準備工作，所以在第二天的專案談判中，小娟他們進展得非常順利。

好心情並不是別人施捨的，而是自己創造的，你只有控制好情緒、調節好情緒，在以後的生活和工作中，你才會如魚得水，得到更多人的喜愛與尊重。

拿破崙（Napoleon）曾說：「能控制好自己情緒的人，比能拿下一座城池的將軍更偉大。」控制情緒，說起來簡單，做起來卻並不容易，也正因為難以做到，所以你才要隨時隨地提醒自己，控制好自己的壞情緒。

細節見人品，小事見人心

每個人的一生都會遇到形形色色的人，不管是平時很要好的死黨與閨密，還是點頭之交的鄰居，抑或是久未見面的朋友，生活中，總有一些人會讓你留下深刻的印象。即使對方說不出甜言蜜語，送不了價值連城的禮物，做不出轟轟烈烈驚天動地的事，但在一些細節上卻足以讓你感激涕零，記憶終生。

木子晚上下班回家，剛掏出鑰匙準備開門時，隔壁阿姨打開門熱情地邀請她去家裡坐坐。阿姨似乎是特地在門口等著木子，進了門，阿姨忙著倒水遞水果，說前幾天女兒出差去了趟某地，帶了很多特產回來，順便就替木子也帶了一份。禮物不算貴重，希望木子不要嫌棄。

木子感動得熱淚盈眶，連說了好幾聲謝謝。獨在異鄉打工，能被人惦記，是一件特別難得的事，哪裡還會嫌棄。阿姨送給她的雖然只是一份零食禮包，但對木子來說卻是禮輕情義重，代表著心底那份最真誠的關心與愛護。

正所謂細節見人品，小事見人心。很多人可能對細節不太留意，殊不知，小細節隱藏著大學問。不管你的能力多麼出眾，人緣多麼好，都有可能因為某一方面的細節而功虧一簣。

一個大型職場徵才的電視節目，自開播以來就受到了很多求職者的喜歡。在某一集節目中，有個十分優秀的女孩，她在現場的表現幾乎得到了在場十二家企業高階主管的一致好評，眼看成功在望。

這時剛好到了即興問答的環節，她便主動講起了自己在一家培訓機構負責宣傳招生的經歷。有一位高階主管問她：「那妳負責招生時，招生現場的轉換率大概可以達到多少？」這個女孩不假思索脫口而出：「百分之三十。」聽到這個數字，在場的所有高階主管異口同聲地說不可能。這其中，一位來自教育培訓機構的高階主管結合自己的多年經驗現身說法：「我在這一行做了快二十年，也接觸過不少的優秀同行，轉換率最高的也才百分之二十三，這一行妳才做了幾年，就能達到百分之三十，妳確定這個數字是正確的嗎？」看到專業人士開始質疑自己的資料，這個女孩馬上就推翻了自己的說法，轉而說自己「記錯了」……

這個環節過後，現場的高階主管以及觀眾對這個女孩由欣賞變成了質疑。最終，這個女孩求職失敗。

試想一下，一個求職時對資料弄虛作假，欺騙他人的人，能兢兢業業、認認真真地投入到工作中嗎？說不定會欺上瞞下敷衍了事地對待工作。所以，一個人即使再優秀，人品有了問題，企業自然也是不敢錄用的。

日常生活中，一個人說話與做事的態度，無一不反映著一個人的人品。尤其是一些為人處世的細節最容易展現出一個人的人品，因為你不經意做出的選擇，不經過思考說出的話，都是你內心深處最直接的表白。或許你自己沒有察覺，但他人就可以透過這些細節方面反映出來的問題，判斷出你的為人，並進而決定是否要與你往來或合作。

很多時候，有的人由於大而化之的性格或者不拘小節的態度，而對身邊的一些小細節選擇忽視，殊不知，人與人之間是否能產生好感並決定進一步接觸的最關鍵點就是細節。就像案例中的女孩，始於顏值，陷於才華，最終卻敗在了人品上。

這就好比很多熱戀中的男女，雖然愛得轟轟烈烈，但最終步入婚姻殿堂時，很多人選擇的對象卻並不是那些高調示愛紙上談兵的人，而是那些注意細節付諸行動的人。因為再多的禮物也抵不過失意時的陪伴安慰，再多的誇誇其談也抵不過痛苦時的相依相伴。透過一些生活中的小事，足以判斷出一個人的人品與修養。

很多人常常錯誤地以為，細節只有在生活中才能出現，以至於在某些場合、某些人

面前常常忽略了細節。但其實，細節如影隨形無處不在，一句話、一個眼神、一個動作、一個選擇、一則簡訊等等，這些芝麻綠豆大的小事，都在向人們展示著你的人品與修養、閱歷與學識。一個小小的細節，看似微不足道，卻可能決定你的成敗。

天下大事必作於細，也只有注重細節，從身邊的小事做起，你才能以這種態度去認真對待工作和生活中的每一件事，才能得到他人的賞識與讚賞，才能得到更多的機會去獲取成功。

說到這裡，有些人可能會不以為然，認為大事注重細節就好，小事根本沒必要。這種想法恰恰是錯誤的，任何一件大事都是由無數個小細節組成的，小細節顯得尤為重要。

要知道，細節從來就沒有大小之分，只有重視與輕視之別。你若想讓人留下一個好印象，若想憑藉好印象收穫更多的人脈與資源，贏得更多人的好感與喜歡，就不能忽視小細節。要知道細節見人品，小事見人心，只有從身邊的小細節入手，注重細節、考量細節，認認真真地對待每一件事，你才能在細節中發現美、創造美，才能在細節中塑造更好的自己，讓自己成為無可挑剔的人。

與其羨慕他人的好運氣，不如修練自己的自信與實力

一位詩人曾這樣寫道：「你站在橋上看風景，看風景的人在樓上看你。明月裝飾了你的窗子，你裝飾了別人的夢。」

有時候，人的想法就是這麼稀奇古怪，明明自己就是生命的主角，卻偏偏要把自己活成配角，去幫他人做陪襯。一味地將他人的幸福與美好放大，不停地仰望著、羨慕著、比較著別人的生活，卻忽略了自己所擁有的，以至於一個不小心就迷失了自己，分不清人生的方向。

但你可知道，人生哪有什麼十全十美？所謂的光鮮亮麗、珠光寶氣，背後都隱藏著不為人知的艱辛與努力。你對別人心生羨慕的同時，又怎知別人沒有羨慕你呢？

社群平臺恐怕是最容易讓人心生羨慕的地方吧。你的社群平臺裡，是不是經常有人秀美食、秀旅行、秀聚會、秀名牌？反過來再看看自己的生活，是不是有著天壤之別？看起來，別人什麼都不用做就能輕鬆擁有，你卻朝九晚五累死累活入不敷出。想外出旅遊、想吃美食、想逛街、想買名牌，沒錢，沒有錢你拿什麼支撐這一切？

難道說社群平臺那些喜歡各種展現的人，真的就如此春風得意嗎？你錯了，現在流行的都是「照騙」，你眼見的是別人的開心與快樂，卻不知其背後的辛酸與苦累，誰不是人前歡笑人後悲泣，把最美最好的樣子展現於人前，最醜最壞的狀態隱藏於人後？所以，真的沒必要去羨慕他人，不羨慕、不嫉妒、不攀比就是一個人最好的品性與修養。

一個人成功與否、幸福與否，從來都不依靠外在的皮囊，而是取決於你的自信與實力。不管外表多麼光鮮亮麗，都不如用實力說話更讓人信服。如果你有足夠的自信和能力，那麼你就不用遷就別人，更不用仰望別人。

很多人常常覺得，自己之所以諸事不順，沒有別人所擁有的一切是因為運氣不好，只要運氣好，自己的人生就能一帆風順。殊不知，運氣並不能讓你事事都如意，唯有提升自己、修練自己，讓自己擁有足夠的實力，你才能自信從容。否則，即使你擁有令人羨慕的外在皮囊又如何，缺乏自信與實力，不思進取輕言放棄，你永遠也成不了他人羨慕的對象。

生活對每個人都是公平的，你的能力有多少，信心有多少，成功的希望便有多少，即使你投機取巧僥倖獲勝，終有一天你也會因能力不足、膽量不夠、資歷不深而露餡。

到那時，你又如何立於人前，又該如何收場？所以，與其羨慕他人的好運氣，不如修練自己的自信與實力，這樣你才有足夠的本事讓他人仰望你、羨慕你。

但修練與提升也不是一蹴而就的，也需要時間的沉澱與累積，所以你不必為了攀比而隨波逐流，也不必為了趕著超越他人而替自己制定過多的目標，你只要一步一個腳印，不斷充實自己提升自己就好。終有一天，你的苦心修練會得到回報，你的努力上進會讓你成為他人仰望的對象。

很多時候，人們會忽略自己身上的發光點，卻一個勁地盯著別人頭頂的榮耀，但你可知道，每個人的想法不同，所追求的人生目標自然也不同。也許你想給自己一點工作的壓力去成就更好的自己，別人卻只想活在當下享受生活呢？當你羨慕別人單身可貴時，你可知對方羨慕你家庭幸福？當你羨慕別人全世界出差，可以欣賞世界各地的風景名勝時，又怎知對方羨慕你朝九晚五按部就班的生活呢？

「梅須遜雪三分白，雪卻輸梅一段香。」與其眼巴巴地羨慕別人，還不如提升自己、修練自己，努力活出精彩的自我。也只有把對他人的羨慕化為前進的動力，你才會越來越努力，越來越優秀。

當你羨慕同事升職加薪時，你應該停止八卦言論，制定完善的工作計畫去好好工作；當你羨慕他人學識淵博侃侃而談時，你應該關掉娛樂節目，捧起書本去提升自己的學識；當你羨慕別人身材苗條擁有傲人的馬甲線時，你應該放下手中的零食，投入健身的計畫；當你羨慕別人神采奕奕皮膚好時，你應該想想如何才能放下手機早點睡、堅持不熬夜。

如果你僅僅只是羨慕，而不做出改變，那麼，你還是原來的你，仰望他人的你，原地踏步的你，不思進取的你。

真的是明天「偷」走了你的時間嗎

「時間都去哪裡了，還沒好好感受年輕就老了……」幾年前，紅遍大街小巷的這首歌，引起了很多人對時間的追憶。看著時光飛逝，你是否也在心中感嘆：為什麼很多年初就制定的計畫到年底了還沒有完成？世界這麼大，為什麼都沒有時間出去看一看？為什麼這一年來忙得連看場電影的時間都沒有……

真的有這麼忙嗎？你真的將時間都用到了工作和學習上嗎？然而並不是，很多人都容易被自己營造的假象迷惑，認為自己真的很忙，忙得腳不沾地，但實際情況卻是你的拖延症促使你把大量的時間都浪費在了重複的事情上，卻沒有做出任何有效率的事。

蕭蕭在大學期間，一直就有寫一部短篇小說的想法。想了好久，今年暑假前終於下定決心，制定好了寫作計畫。放假後，蕭蕭回到老家，碰到兒時的玩伴便天天和他們聚在一起：吃飯、唱歌、逛街、爬山。她想：寫小說也不差這幾天嘛，就當是自己在尋找靈感好了。抱著這樣的想法，一個星期很快就過去了，蕭蕭沒有任何行動。

又過了幾天，蕭蕭覺得玩得差不多了，於是便在社群平臺上發文：從明天開始靜下心來，開啟我的短篇小說之旅。平臺上的朋友看到後，紛紛按讚留言支持她，期待她小說問世的那一天。

十天後，閨密去家裡看她，見她慵懶地靠在沙發上玩手機，便問：「小說寫得怎麼樣了？」蕭蕭說：「還沒有動筆。」「十天前妳不是就說要開始了嗎？那這十天妳每天都在幹嘛呢？」閨密好奇地問。蕭蕭有些不好意思地回答：「其實也沒有做什麼，就是想著平時上學忙，現在好不容易放假要讓自己放鬆一下。早上睡到自然醒，等一切準備就緒打開電腦要寫時，又發現沒有靈感。於是，就先滑一下手機吧，結果就停不下來了。到了

中午吃完飯，覺得很睏，又想睡午覺。下午開始寫吧，又看到社群平臺裡的照片，覺得人家穿的衣服很好看，轉身就去逛了網路商店。這樣一晃就到了晚上，但熬夜對皮膚不好，心裡就想，等明天再寫吧！」

聽完蕭蕭的話，閨密一臉驚訝地繼續問她：「那妳還寫嗎？」蕭蕭邊玩手機邊回答：「明天再說吧，看狀況……」

其實，生活中像蕭蕭這樣的大有人在，他們總是習慣於把今天的事推到明天做，明天的事推到後天做，總是不斷地為自己尋找藉口。在有拖延症的人眼裡，今天已經擁有所以不值得珍惜，明天才是令人憧憬的、飽含希望的未來。看到蕭蕭的生活狀態，你有沒有覺得這幕場景似曾相識？是不是就像自己的「影子」？

「今天已經這麼累了，還是早點休息吧，明天再說。」

「明天反正沒什麼事，就從明天開始吧！」

「今天狀態不佳，明天狀態會好一些，就明天做吧！」

……

就這樣，拿「明天」當藉口，於是，「明天再做吧」逐漸成為很多人的口頭禪。但明

天又怎樣呢？到了明天，你就真的不再拖延了，能把事情完成了嗎？

未必吧，很多人常常認為今天的事留到明天做，會更有精力與效率，但你可曾想過，你所期待的明天並不一定就是你所想像的明天，明天或許你還是會為自己找藉口拖延，還是會經歷重複的今天……

日復一日，年復一年，你的事情積壓得越來越多，你辦事的效率越來越低，你的拖延症越來越嚴重。周而復始，最終導致的結果就是，你拖延了今天，但明天你還是得面對拖延所帶來的惡果。

如此種種，你的明天將永遠成為你拖延的藉口，在這種藉口的「幫助」下，無數個明天都成了你懶惰的藏身之所。抱著這種想法，你今後的每一天都得不到進步。

所以，你的房間總是亂七八糟，直到無處下腳時才匆忙想著要去打掃；面對堆積如山的資料檔案，你總是需要的時候才想要去整理；該簽字的專案文件、該聯絡的人、該打的電話，你總是要到最後一刻才去執行……

久而久之，你的事情越積越多，越來越沒有心思去做。但你可知「一寸光陰一寸金，寸金難買寸光陰」，即使你有才華，但你虛度了光陰，蹉跎了歲月，你的才華無處施

展，你還是得不到任何進步。

顯而易見的道理誰都懂，很多人明知道拖延的弊端，卻依然對拖延情有獨鍾。尤其是在現代社會的各種壓力下，快節奏的生活很容易讓人感到身心疲憊，這種情況下很多人更想為自己的放鬆與慵懶尋找藉口，如此便造就了一系列的起床拖延、工作拖延、睡覺拖延等症狀，並越發嚴重。

無論多麼優秀的人，如果不能合理安排自己的時間，不能做好生活與工作的規劃，事事拖延，長此以往，他做事的態度就會越來越消極，行為就會越來越懶散，他的優秀就會被拖延代替，並逐漸放鬆對自我的要求，這種心態下，拿什麼去努力上進成就自我呢？

所以，戒了拖延症吧！如果你想進步，想成為一個優秀的人，就要摒棄拖延的心理，不為自己找任何藉口去敷衍地對待今天，更不要輕易放棄不完美的今天。每天為自己定一個小目標，做到今日事今日畢，只要你能堅持下來，終有一天你會發現，你不僅可以成功支配自己的時間，而且還將擁有更多的時間去旅行、去逛街、去喝咖啡、去看電影……

這樣看來，你還會覺得時間不夠嗎？並不是時間不夠，而是拖延症浪費了你的時間。所以，別再感嘆時間都去哪裡了，還是腳踏實地認認真真做好今天的每一件事吧！也唯有如此，你才能做時間的主人，你才能更好地規劃自己的人生與未來。

好習慣助你成就好人生

習慣是什麼？習慣就是一個人在日常穿衣、吃飯、工作、生活中所表現出來的一種固定行為。就像有的人習慣於左手拿筷子，有的人習慣於每天早起，有的人習慣於穿高跟鞋等，人的習慣一旦形成就很難改變。

但習慣並不是與生俱來的，而是在後天逐漸形成的。習慣一旦養成，就會在你的言行舉止中有意無意地表現出來。可千萬不要小看習慣的力量，因為從某種意義上說，好習慣可以成就好人生。一個良好的生活習慣，不僅能為你在複雜的人際關係中贏得好人緣，還能讓你堅持不懈、腳踏實地地朝著自己的夢想前行。

一位教育專家曾說：「好習慣養成了，一輩子受用；壞習慣養成了，一輩子吃它的虧，想改也不容易。」很多人常說習慣成自然，這話確實沒錯，好習慣你若堅持下來，就

會為你帶來益處，壞習慣你若不尋求改變，將後患無窮。

有的人習慣蓬頭垢面、不修邊幅地隨意出入一些公眾場合；有的人在工作中習慣遲到早退、挑三揀四，態度消極地混日子；有的人喜歡斤斤計較，凡事必爭對錯輸贏；有的人外出購物或消費時，總愛占便宜將免費東西帶回家；有的人總喜歡背後議論他人……

如此種種，都可以稱之為一個人的習慣。很多人常常對壞習慣不以為意，認為是無關緊要不值一提的小事。殊不知，壞習慣一旦形成，就會在你的腦海中形成一種意識，支配著你的行為，把你的生活搞得一團糟，最終你將品嘗不良習慣所帶來的苦果。

張成是一家大公司的部門主管。最近一段時間他時常感到焦慮與緊張，每天都愁眉苦臉的，並且這種狀態已經嚴重影響了他的日常工作。迫於無奈，張成便請假去看心理醫生，經過一番了解，最終心理醫生找到了他的病根。原來張成心中老有一種「工作永遠做不完」的感覺，而這種感覺又源於他在工作中養成的壞習慣。

每次下屬找他簽字審批文件、要他稽核專案資料時，他都會說：「好，放那裡，我等等處理。」時間一長，他的辦公桌上便堆滿了大大小小的各類待處理文件、待稽核專案、各類報告與信件等。即使這樣，張成也沒有想過要今日事今日畢，將辦公桌上堆積如山的文件趕快清理完，而是命人在他辦公室又添置了一張辦公桌用來堆放文件。除非是特別急的，張成才會在文件堆裡找出來簽字稽核，而那些不著急的便這樣一直放著。久而久之，整天處於這種工作狀態下的張成陷入了緊張與焦慮的情緒中，還由此引發了身體上的一些疾病。

看完這個故事，你是否感到有些不可思議呢？不良習慣的危害這麼大，竟然還會引發身體的疾病？不可否認，壞習慣不僅可以對工作、學習、生活、交友、健康等方面帶來影響，還可以對人的成功帶來一定的阻力與障礙。試想一下，你若有著丟三落四、不修邊幅、口無遮攔的壞習慣，那麼老闆能放心地把工作的重擔交給你嗎？朋友能放心地把知心話講給你聽嗎？顯然是不可能的。

每個人身上都有一些好習慣與壞習慣，好習慣可以促使你不斷進步，但壞習慣卻會擾亂你的日常生活，讓你增添許多煩惱與痛苦。有句話說得好，習慣若不是最好的僕人，便是最壞的主人。難道你想讓壞習慣主宰你的命運嗎？如果不想，你就要試著做出改變，只有改掉身上的壞習慣，你才能遠離陋習，成就更好的自己。

改變二字，說起來容易，做起來卻很難。很多人往往堅持不了幾天就會輕易放棄，甚至自我安慰：反正已經這樣了，也沒產生什麼不好的影響，所以還是算了吧！但你可知，好習慣才可以助你成就好人生，壞習慣只會讓你得過且過原地踏步，且阻礙你獲得成功。

千里之堤毀於蟻穴的道理相信誰都懂，同樣，壞習慣日積月累也可以深入你的腦海，潛移默化地影響你的一言一行，阻礙你前進的步伐。所以，要想成就大事，要想讓自己變得優秀，最好的辦法就是改掉阻礙你前進的壞習慣。當然，做出改變之前，你首先得正視它、接受它，這樣你才可能堅持不懈地改正它。

因此，你必須有一面放大鏡，來放大你的不良習慣，看看那些不良習慣放大後到底能給你帶來多少弊端與麻煩，又是哪些習慣阻礙了你享受生活的美好，哪些習慣讓你陷入原地踏步的困境而無法自拔，哪些習慣讓你離成功越來越遠……

你是否曾捫心自問：為什麼房間亂七八糟而沒有整理？為什麼一件事情總想著拖到明天去做？是否將太多的時間花在上網、滑手機上面？是不是與人說話時，總是不自覺地打斷別人？……

如果這些都有，那你就要趕緊糾正自己的行為，努力往好的方面發展。房間凌亂，為什麼不花一點時間去整理呢？為什麼不能耐心聽別人把話說完你再說呢？

如果你實在分不清哪些是需要改變的壞習慣，那麼你不妨靜下心來，認真回憶一下自己生活中的點點滴滴、所經歷的成功與失敗，從中分析一下你失敗與成功的主要原因，並不斷反省與總結，直到完全做出改變。

堅持一段時間後，你就會驚喜地發現，生活正朝著你所希望的樣子發展。好習慣會促使你變得越來越優秀，會為你帶來意想不到的收穫，會讓你離成功的目標越來越近。就像有位名人說的那樣：「播下一種行為，你將收穫一種習慣，播下一種習慣，你將收穫一種性格，播下一種性格，你將收穫一種命運。」好習慣對人一生的影響是十分重要的，所以，從現在起做出改變，讓好習慣來幫你成就美好人生吧！

想成為強者，那就先改變你的態度吧

人們常說態度決定一切，這話一點不假。與人相處的過程中，你用怎樣的態度對待他人，他人就會用怎樣的態度對待你；一件事，你投入了多少熱情與精力，同樣它就會回報你相應的希望與成功。可以說，你的態度決定了你的人生狀態。

因為態度不只是紙上談兵，更要落實到行動上，用你的行動去證明你的態度，方能讓人更加信服。

有個小和尚，在他剛進寺廟時便立下誓言將來一定要學有所成做一個住持，可是現任住持不理睬他的想法，卻讓他從最簡單的撞鐘做起。就這樣做了半年，做一天和尚撞一天鐘的日子實在是無聊至極，小和尚便開始懶散起來。忽然有一天，住持把他調到後院去打掃寺院，原因是他不能勝任撞鐘這一工作。小和尚不服氣地問住持：「難道我每天沒有準時撞鐘嗎？」住持耐心地解釋道：「雖然你每天都按時撞鐘，但你態度消極，所以你的鐘聲讓人聽起來有氣無力，死氣沉沉，沒能給世間眾生一種感召力……」

你瞧，哪怕是最簡單的撞鐘，如果撞的人態度不對，那麼聲音便不對，聲音不對，又如何去向眾生傳達你的思想呢？

一個人對待事物的態度，足以反映出其成功的可能性，如果你做事馬馬虎虎敷衍了事，那成功自然也不會青睞你。如果把能力比作一朵鮮花，那麼態度就是它的枝幹，沒有枝幹的營養與支持，再漂亮的鮮花也會瞬間凋零枯萎。所以，你收穫的是成功還是失敗，取決於你對待事物的態度，態度對了，你才能積極熱情地投入到工作中、學習中、生活中，才能施展自己的才能盡力做好每一件事。不管大事小事，也不管身處何種環境，只要態度端正，你在哪裡都能受到歡迎，成功更是指日可待。

留學歸國的陳磊，擁有多個學位證書，可以說是一個不折不扣的高學歷人才。他婉拒了國外多家高薪企業的邀請，回到了國內，決心憑藉自己的能力選擇一份自己喜歡的工作。

但陳磊的求職之路並不順暢，反而接連碰壁。許多公司都不相信他一個高學歷的人會屈就於此，認為他只是尋求一個過渡或者臨時換換口味，帶著這種偏見，很多公司都將陳磊拒之門外。無奈之下，陳磊只好換一種方式，他收起了所有的學歷證明，以一個最普通的求職者去參加面試。

帶著這種態度去求職，陳磊很快便被一家公司錄取，不過卻是做一名最普通的程式輸入員。雖然職位普通，但陳磊卻是勤奮努力認認真真地對待工作，絲毫不敢懈怠。不久，陳磊便從工作中發現了一個嚴重的錯誤並匯報給了經理。經理驚訝之餘更發現了他的才華，因為這個錯誤絕非一個普通的輸入員能夠發現的。這時，陳磊拿出了學士證書，經理便幫他換了一個相對有技術需求的工作職位。

又過了一段時間，經理發現陳磊除了技術方面的能力很強外，還常常會提出一些有建設性的相當實用的意見。這時，亮出了碩士證書的陳磊又一次得到了升遷。之後，經理便讓他參與公司的一些日常管理工作，結果又發現了陳磊的過人之處，此時，陳磊再次亮出了博士證書，並向經理坦承了此事的來龍去脈。得知事情始末的經理這才知道，自己差點錯過了一個不可多得的人才，於是毫不猶豫地對陳磊委以重任。

試想一下，如果陳磊自恃高學歷而不肯改變求職態度，也不肯暫時屈就，那他的機會從何而來，又如何受到經理的賞識呢？如果你想成為強者，那就先改變你的態度吧！只有態度端正了，你才能得到更多的機會。

人生從來都不是一帆風順的，有順境就會有逆境，但不管處於何種境地，只要你能端正自己的態度，永不言棄，你就可以很快找到自己的最佳位置，你就可以和故事中的陳磊一樣，從平凡的職位做起，從身邊的小事做起，一步一步朝著自己的目標邁進，最終成為生活的強者。

寒冬臘月的白雪皚皚，自然無法與春天的姹紫嫣紅相比擬，但銀裝素裹的漫天風雪，不正向人們預示著瑞雪兆豐年的豐收景象嗎？

涓涓細流，當然無法與川流不息的大江大河相提並論，但在層巒疊嶂的大山深處，不正是涓涓流淌的小溪才讓大自然的景色展現了生機勃勃的活力嗎？

大自然的景色都能向人們展示自己最優秀最頑強的一面，那你呢？你願意被人比下去成為生活的弱者嗎？既然不願做弱者，那就先改變自己的態度吧，只要你端正態度，挖掘出自己的潛能，並不斷使自己完善，又何愁不能成為生活的強者，受到他人的景仰呢？

雖然，生活偶爾也會開開玩笑，讓你歷經酸甜苦辣，但這又有何妨？不經歷風雨，怎能見彩虹？既然不可避免地都要經歷，還不如改變自己的態度，用一種積極樂觀的心態去坦然面對這一切。也只有端正了態度，你才有足夠的能力去承受生活的風吹雨打，才能成為生活的強者，活出你最精彩燦爛的人生！

展現自我，爭做人際圈的中心

每個人在不同的人際圈都有自己的位置，如果一個人在進入人際圈後，不做任何努力，便永遠只能徘徊在人際圈的邊緣。一個站在人際圈邊緣的人，即使認識圈裡很多的

人也於事無補。因為人際圈中那些能為你提供幫助的佼佼者，是不可能注意到人際圈邊緣的人的，不關注你不記得你，又怎麼會願意幫助你呢？但是如果你能主動展現自己，勇於衝向人際圈的中心，那麼人際圈裡的很多人都關注你、認識你、記得你，此時你想要尋求幫助就容易多了。

因此，我們不僅要廣結善友，拓展優質的社交圈，還應該勇於展現自我，爭做人際圈的中心，做一個受圈中人喜愛的人。

想要得到圈中人的歡迎，成為人際圈的中心，通常可以遵循以下幾點：

不要一味地自說自話，應該重視他人的想法

很多人為了能讓他人留下好印象，一味地向對方表達自己的想法和意見，希望自己的觀點能獲得他人的認可，但是卻忽視了他人的想法和需求。在人際關係中，了解和重視他人的想法要比一味地表達自己的想法更重要。

很多人都希望自己能被理解被重視，所以在人際關係中，你應該重視你的往來對象，找到對方的優勢和劣勢，體會對方的愉悅和苦惱，這樣才能設身處地地為他人著想，幫助他人找到解決困惑的方法。如此不僅能讓對方感受到你的真誠，更能讓對方對

你刮目相看，你也會為自己贏得好感，贏得成功的助力。

王濤大學畢業後很希望能進一家業界很知名的公司工作，但是卻沒有找到那家公司的徵才資訊，無奈之下，只好透過調查，找到了該公司李老闆經常吃午飯的餐廳，並決定去那裡找李老闆。

一天，王濤在那家餐廳等李老闆，見到李老闆後他問道：「先生，請問您的公司現在缺一名編輯嗎？」這麼冒昧的人讓李老闆非常反感，僅說了句「不缺」便繼續吃飯。

王濤並沒有因為李老闆拒人於千里之外的態度而退縮，反而繼續問道：「那缺記者嗎？」李老闆詫異地抬頭，看著眼前的年輕人，疑惑他是怎麼找到自己常吃飯的餐廳的，覺得他還是有些想法和能力的，但是這也不足以讓自己在公司不缺人的情況下聘用他，便說道：「也不缺。」

然而王濤仍然沒有放棄，繼續追問道：「那需要排版人員嗎？」李老闆沒有理會他，繼續吃自己的午餐。沒有得到回應的王濤心想那就是這家公司目前沒有徵人的打算。於是說道：「那您一定需要這個。」說完就遞過去一個寫著「缺額已滿，暫不僱用」的牌子。

李老闆很是意外，覺得眼前的這個年輕人，不僅有鍥而不捨的精神，勇於為自己爭取機會，同時還是一個很有想法、意識超前的人，於是當即改變了初衷，把他招募到公司的廣告部工作。

王濤正是因為重視李老闆，揣摩到他心中所想，知道公司目前不需要徵求新員工，於是用了一個小小的「意外動作」贏得了李老闆的好感，為自己爭取到了工作機會。可見，在與社交圈裡的人相處時，一定不能只顧自己說，還要重視他人的想法，揣摩他人的態度。

要時刻注意形象

在人際關係中第一印象是非常重要的，它關係到今後與他人交流中對方對你的態度。通常他人對你的第一印象會有兩種：「有好感」和「沒有好感」，而決定性因素便是你的形象，也就是儀容儀表以及言談舉止等。

當你在初次與他人見面時穿著打扮隨意不修邊幅，而且與他人交談時心不在焉，甚至目中無人，那麼就會讓對方留下非常不好的第一印象，對方會從心底排斥你，不願與你接觸，不管你做什麼對方都看不慣；反之，如果你能保持良好的形象，衣著得體，言行舉止得體，為人謙虛，是很容易讓對方留下好印象的，進而讓對方對你產生好感，認為你是一個值得交的朋友，願意在你有需要的時候幫助你，即使你出現小差錯，也會原諒你。

因此，在日常生活和工作中，與人交流、走入社交圈的時候，應該時刻注意自己的形象。

對待圈中人要誠信

「人無信則不立。」信守承諾是做人的準則，也是交友的基礎，誠信待人，才能換取他人同等的對待。有些人在人際圈裡常常忽視了誠信的重要性，常常因為一些小事而失去了他人的信任，嚴重的甚至會影響到其在人際圈中的名聲和信譽。

因此，無論身處什麼樣的人際圈，一定要謹記「言必信，行必果」，把它當成一種習慣，這樣才能贏得與你往來之人的信任，並傳播你「為人誠信」的名聲，進而使你獲得圈裡更多人的認可。就好像我們在網路購物時，常常會看商家產品下面的評價，依據商家的信譽度來決定是否購買該產品。

一個說到做到、誠信的人才能獲得圈內高信譽的評價，才會受到圈內眾人的追捧，

才會成為人際圈的中心。

當你真正成為人際圈的中心後，你才有機會獲得圈中人更多的幫助。所以，當你走進你想要進入的社交圈之後，不要以為已經萬事大吉，還要主動在圈中展示自我，爭做人際圈的中心，才能真正達到你進圈的目的。

適當減壓，別讓壓力阻礙了你前進的步伐

在這個優勝劣汰適者生存的社會中，競爭無處不在。日益激烈的競爭給人們的生活帶來了很大的壓力與煩惱，很多人表面上強顏歡笑，其實背後卻承受了龐大的壓力。長期的壓力往往使得人身心俱疲，久而久之，壓力如果得不到合理的釋放與調節，不僅會使人產生負面情緒，還會對人們的生活、學習、工作帶來很多不利的影響。

壓力，其實是現代社會普遍存在的一種現象，不管是處在哪個年齡階段的人都會有。就比如，學生有讀書的壓力，年輕人有買房買車的壓力，中年人有事業與家庭的壓力……這個社會，要想找出幾個沒有壓力的人，似乎比大海撈針還要難。

雖然說，壓力給人們的生活帶來了一定的負面影響，但壓力也並不是一無是處，一個人若沒有壓力就容易失去生活的動力。沒有壓力，人的思想和行動就會逐漸放鬆與懈怠，失去生活的熱情與鬥志，這樣看來，有壓力也未嘗不是一件好事。「生於憂患，死於安樂」，說的就是這個道理，只有憂患才能讓人有一種危機意識，才能促使一個人的進取心，才能讓人努力成就更好的自己。

但壓力也分大與小，一個人若長期生活在超負荷的壓力下，是很容易精神崩潰而導致出現身體疾病。過多的壓力容易造成過多的煩惱與無奈，在這種狀態下，人們很容易對生活失去信心，並由此而產生「活著沒意思」等一些輕生的念頭，輕者給自己的生活帶來影響，重者會造成一些無法挽回的錯誤。所以，當內心的壓力過大，得不到合理的宣洩與釋放時，你就要適當減壓，千萬別讓壓力阻礙了你前進的步伐。

王永波最近換了份新工作，進了一家大公司工作的他，明顯感覺壓力比之前大了不少，和之前相比似乎處處都不順。在工作上，下屬對他這位新上任的主管不屑一顧，不僅不積極配合他的工作，有時甚至還在背後故意使壞；而他的上司，對他的態度也是模稜兩可，既不支持也不反對，這使得王永波的內心很鬱悶，要知道在以前的公司，他的

能力可是得到全公司上上下下認可的。可現在這樣的處境，讓他每走一步都變得小心翼翼，生怕一個不小心就替自己帶來事業上的災難。

整天憂心忡忡愁眉不展的王永波，在公司過得不開心，回到家也得不到片刻的安慰。他突然發現，之前溫柔賢淑的妻子變得嘮嘮叨叨疑神疑鬼，這讓他一度懷疑妻子的更年期是不是提前了；就連以前一直默默支持他的父母，如今也好像變成了教書育人的老師，對他的每件事情都要指手畫腳干涉一番。

某天，心情極度壓抑的王永波忍無可忍，因為一點小事和妻子發生了激烈的爭吵。他責怪妻子不體諒自己工作的難處，整天嘮叨個沒完，可妻子卻說：「你怎麼不反思自己的行為呢？你看你，自從換了新工作，每天回家都板著一張臉，說話也是頤指氣使的，以前你可不是這樣，你做什麼都會與爸媽商量，但現在你根本不尊重他們的意見！」聽完妻子一股腦地發洩完自己的怒氣，王永波這才恍然大悟，原來諸事不順的原因竟然源於他自己。工作的壓力導致他的心理與情緒發生了變化，並進而影響到了人際關係。

意識到這一點後，王永波便請了幾天假，特地帶家人出去玩了一圈，釋放了自己的壓力，調整了自己的心情。之後，王永波回到公司一改往日的處事風格和態度，學著收

斂了自己的脾氣與鋒芒，不再獨斷專行，而是做到凡事商量，並充分尊重他人的意見。這一改變果然奏效，他發現之前那些反對自己的人也開始慢慢接納他了……

每個人的心中都有或多或少的壓力，可壓力一旦形成而得不到合理的釋放與減壓，就會將人們的生活弄得亂七八糟，甚至影響到身邊的人。就如故事中的王永波，因為工作的壓力，導致他脾氣暴躁，看什麼都不順眼，甚至覺得身邊的人都在為難他，久而久之便爆發了衝突與矛盾。

壓力並非與生俱來，而是在後天逐漸形成的。有的人常常因為羨慕他人，或迫切想要實現自己的理想而感到有壓力，再加上工作與學習的壓力，還有來自其他方面的壓力等，這些壓力累積在一起便像滾雪球一樣越滾越大，並最終給自己的生活帶來許多不利的影響。

但不管是哪種情況下的壓力，你都要學會自我減壓，自己釋放壓力，這樣你的生活才能雨過天晴。幫自己減壓說起來容易，做起來卻並不簡單，因為長期的壓力積壓在一起，會讓你茫然不知所措，不知該從何處下手，有的人可能一聽說減壓就會忘乎所以，把什麼都拋之腦後不管不顧，但這樣是不對的。減壓並不是讓你放棄所有壓力，而是減

去不必要的、過多的壓力，讓你的壓力得到合理的宣洩與釋放。

減壓需要循序漸進，從無關緊要的小事減起，一點一點逐漸卸下心裡的重擔，掃去心中的陰霾，哪怕短時間內釋放不了這些煩惱與壓力，也不要著急，你可以透過轉移注意力的方式來淡化壓力。

如果你感覺壓力讓你喘不過氣來，那你不妨出去旅行，試著親近大自然，讓大自然的湖光山色一掃你心中的疲憊；或者你也可以聽一段優美的音樂、看一本好書、與朋友談天說地、在慵懶的午後晒太陽等，這些方式都有助於你緩解和釋放壓力。

欲求人必先助人

你有沒有發現，當自己遇到某些困難時，原本準備的求助對象已經很久沒有聯絡過了，也未曾在那個人處於低谷時施以援手，現在去向他尋求幫助，對方會不會拒絕自己？此時，你或許就會後悔為什麼平時不多「燒燒香」呢？

很多人都習慣性地有「臨時抱佛腳」的心態。但是，事事都是互相的，人與人之間的交流也是互相的，平時不積極主動與圈中人接觸，不在他們需要幫助時施以援手，他們又怎麼會在你需要幫助的時候對你施以援手呢？

所以「平時不燒香，臨時抱佛腳」是不可取的，平時應該「多燒香」，「菩薩」才會在你需要的時候「顯靈保佑你」，滿足你的願望和需求。

不過你應該去鮮有人去的「小廟」燒香，而不是香火鼎盛的「大廟」。因為只有在沒有人關注的「神靈」面前你才顯得突出，而在大廟中「燒香拜佛」的人很多，你只是芸芸眾生中的一個。要知道「雪中送炭」比「錦上添花」更能讓人銘記於心。

通常，突然陷入困境或者失勢的人可以被看做「小廟」，這些人雖然跌入低谷，但很有可能只是暫時的，並不代表他們不會東山再起，千萬不要因為他失勢了就唯恐避之不及，甚至落井下石，反而應該把他的暫時失意當做表現你誠心的機會，適時地給予幫助。

曾經有人說：「你也許會忘記與你一起笑過的人，但不會忘記與你一起哭過的人。」這幾乎是人的共性。當一個人身陷困境、沒落失勢的時候，常常會眾叛親離、孤立無援，此時他的內心是渴望有人安慰和陪伴的，這個時候是最考驗他身邊人的人心的時

候。所謂「患難見真情」，人們常常會對和自己共患難，或者在自己患難時施以援手的人久久不能忘懷。因此，當社交圈裡的朋友身陷困境的時候，你能對其不離不棄，適時地給予幫助，哪怕是點滴的恩惠，他都會銘記於心，等到他擺脫了暫時的困境後，自然會對你投桃報李。

而當你在朋友春風得意的時候迎合他巴結他，這種情況下建立起來的人際關係是經不起考驗的，同時也是不牢靠的。因為人人都想與他結識成為朋友，他就像是「大廟」，來「燒香」的人多了，自然顧不過來，也不可能一一回應巴結他的人。

仔細想想，你的社交圈裡有沒有懷才不遇或是一時失勢的人，如果有，請不要避開他疏遠他，而應該向其施以援手，用你的關懷和幫助換取他對你的銘記於心。一旦他將來有了出頭之日或是東山再起，必將對你這個莫逆之交、患難朋友投桃報李，當你有事相求時他也會第一時間出手相助。

要記住欲求人必先助人，尤其是對那些暫時不得勢的人，你的一句暖心的話，或是一個簡單的擁抱，點滴的幫助，都會讓他得到寬慰和支持，讓他重拾信心，在逆境中獲得成功。

張建是一家上市集團的副總，大家以為上面的領導者退下後，他就能穩坐第一把交椅，所以下屬和朋友都巴結他。可是沒有想到，突然有一天他失了勢，曾經巴結他迎合他的下屬和朋友都對他唯恐避之不及，生怕被他牽連。他的失勢和眾叛親離讓他一度崩潰，他甚至有了輕生的念頭。

但是卻有一個人不怕被牽連，主動看望他，勸導他，並和他一起分析現狀和形勢，鼓勵他努力向前看，這個人就是他曾經並不看重的一個下屬馬俊。

後來張建透過堅持和努力東山再起，並順利地坐上了公司的第一把交椅。成功出山的張建一直銘記馬俊當初的不離不棄，把公司重要的部門交給了馬俊，後來還幫助馬俊當上了公司副總。

馬俊就是抓住了張建暫時失勢的機會，在張建眾叛親離的時候對他不離不棄，與張建建立了友誼，後來張建再次得勢後，在工作中全力幫助馬俊，最終把他也扶上了公司副總的位置。

從某種角度上看，一個人陷入困境、暫時失勢的時候，是與他建立良好人際關係的最好時間。因為他脆弱無助的時候，你的橄欖枝就如同一根救命稻草，此時與他建立起

來的友誼是最為堅固的。所謂「三十年河東，三十年河西」，現實生活中失勢後又東山再起的人不在少數。幫助失勢的人就如同購買一支有升值空間的股票，如果你能在他人失勢時施以援手，必將在他東山再起後獲得豐厚的回報。

但是需要注意的是，並不是所有失勢的人都值得你伸出援手，比如觸犯法律或有原則性問題的人，對這些人還是敬而遠之的好。

所以，當你社交圈裡的朋友並不是因為原則性問題或是觸犯法律而失勢，那麼請在他處於人生低谷的時候與他親近來往，給予安慰和鼓勵，如果自己有能力幫助他，一定不要吝嗇，你的滴水之恩，定能換得他將來的湧泉相報。

第五章

拓展格局，思想有多遠路就有多遠

不要只糾結於眼前的一點小事，要放眼全局找定位。人生在世，不如意之事十有八九，如果總是只看到眼前的失誤，那麼一葉障目，還怎麼看到眼前的泰山？這樣的小格局也注定會失敗。在面對挫折時，應該拓展自己的格局，保持一種樂觀的人生態度，這樣才會離成功越來越近。

激發潛能，你才能創造出無數種可能

每當夜深人靜的時候，你是否輾轉反側、思緒萬千？你是否感慨自己任勞任怨勤奮工作，卻依然沒有改善自己的生活狀態？與之形成鮮明對比的，反而是身邊的一些朋友、同學、同事似乎輕而易舉就能心想事成得償所願。究竟是什麼造成了這樣的反差？是能力有限還是技不如人？抑或是別人天生命好，有貴人相助？如果這樣想，你就大錯特錯了。因為他人的成功並不是天上掉禮物，也不是大風颳來的，而你的人生慘淡也不是自己技不如人，更不是命該如此。

每個人都渴望成功，都希望自己能成為人上人，成為眾人景仰的人，可是老天並沒有教會每個人獲得成功的捷徑。正所謂靠天靠地不如靠自己，只有自己內心強大，擁有戰勝一切困難的勇氣和決心，你才能激發出潛能，創造出無數種可能。要知道，優秀的人之所以更優秀，除了他們自身努力上進外，更因為他們善於激發自己的潛能，所以他們的成功才會看起來更輕鬆、更容易，讓人羨慕不已。

每個人身上的潛能都是不容小覷的，一旦爆發就會將一個人的優勢發揮到極點。但潛能並不是一觸即發的，大多時候它都隱藏在人們身體的某個角落。你的潛能發揮多少，完全取決於你對自我的判斷，如果你自認為是一個才華出眾、能力超群的人，那麼你就要激發出自己的潛能，發揮出自己的優勢，讓自己成為佼佼者；反之，你若自甘墮落，那你就只能過著渾渾噩噩的生活。

一隻從小失去父母的小鷹，被人類搭救後就一直在雞群中成長。每天跟小雞們一起覓食、玩耍、遊戲，久而久之，牠便把自己當成了一隻小雞。某天，救牠的主人心血來潮，決定要訓練這隻小鷹學飛行，但不管主人怎麼誘惑，長期生活在雞群中的小鷹就是飛不起來，因為牠打從心底認為自己就是一隻不會飛的小雞。

訓練了好久，小鷹都沒有任何進步，精疲力竭的主人最後失望了，他覺得自己白養了小鷹，因為牠竟然連最簡單的飛行都不會。想到這裡，主人決定把小鷹帶到懸崖邊將

牠扔了。當小鷹被主人扔下去時，在急速墜落的過程中牠突然張開了自己的翅膀，撲扇了幾下之後，竟然在落入崖底的最後一刻勇敢地飛起來了。

為什麼小鷹突然間就飛起來了？因為小鷹的求生本能促使牠將體內隱藏的天性啟用了，所以牠才能絕處逢生，在生命的危急時刻發揮出自己的潛能與優勢，最終展翅高飛翱翔於廣闊的天際。動物尚且知道在危急時刻創造求生的機會，那你呢？你會在身處絕境時，替自己創造絕地反擊的機會為自己求得一線生機嗎？你的潛能與優勢是被激發還是被埋沒了呢？

人生在世，最大的悲哀莫過於具備一身優勢與潛能而不自知，以至於白白錯失了很多成功的機會。每個人都想獲得成功，都想讓自己的人生精彩紛呈，不停地努力卻收效甚微，為什麼會這樣呢？原因就在於你沒有很好地關注和激發自身的潛能，才讓自己的努力看不到成效。要知道一個人的潛能是極其重要的，只有激發潛能，你才能創造出無數種可能。

每個人的體內其實都隱藏著無限的潛能，都在等待一個最恰當的時機被激發出來。就好比千里馬在等待賞識牠的伯樂一樣。你只有激發出自己的潛能，才能吸引伯樂的注

意，得到伯樂的賞識，獲得成功的機會。如果你原地踏步，不努力不積極不主動，坐等伯樂來尋找你，顯然你的想法太過於消極，恐怕也等不到伯樂。

你只有做自己的主人，學著掌控自己的思想與命運，你的潛能才容易被激發出來。也只有方法用對，你的潛能才會發揮到極致，收穫出人意料的效果。

有一家煉鋼廠，由於平時管理相當鬆散，所以員工對待工作的態度都很消極，經常完成不了每天的工作任務。不管老闆採用什麼辦法去激勵、去懲罰工廠工人，每天的生產任務依然還是完成不了。

這天，老闆來廠裡視察工作。在巡視到工廠時，恰逢日班工人快要下班的時間，他便問日班工人：「今天你們煉了幾爐？」

日班工人回答：「四爐。」

聽完工人的回答，老闆沒有說話，默默地拿起粉筆在工廠門口的白板上寫了一個大大的「五」就離開了。

後來，夜班工人過來接班，看到白板上寫了「五」，便向日班工人了解情況。

日班工人說：「今天老闆過來視察工作，他問今天煉了幾爐，我們說四爐，他便在白

板上寫了那個『五』。」

第二天老闆分別在日班和夜班工人交接班時再次來到工廠。他發現，夜班工人下班時把昨天日班的「五」擦掉了，換成了「六」。日班工人過來接班時看到夜班的「六」，他們覺得不能輸給夜班，便卯足了勁，火力全開地工作了起來，結果到換班時，他們竟然完成了八爐。

這一數字，令他們自己都沒有想到，因為這水準和平時相比可謂是突飛猛進。也正是這種激勵，使得這個生產任務一直處於末尾的煉鋼廠遠遠地超越了其他分廠工廠。不得不說，方法若運用得好，就連一個小小的數字也能輕而易舉地把人們體內隱藏的潛能有效地激發出來。

只有潛能得到合理的開發與利用，你的優勢才會更明顯，你才能收穫更多的成功可能性，變得比現在的自己更強大、更優秀、更出色。千里馬常有，而伯樂不常有。這個世界慧眼識珠的人畢竟不多，你不能太過於被動，你得鼓起勇氣努力向他人展示自己的才能，這樣才能擁有更多的機會。

比知識更重要的是想像力

幾千年來，人類依靠豐富的想像力逐漸征服了這個世界，得到了如今的太平盛世。一位集團董事長也說：「未來社會，想像力將是最大的創造力。」

沒有想像力的人生，將是枯燥乏味了無生趣的。試想下，你每天渾渾噩噩不知道努力工作是為了什麼，不知道人生的目標是什麼，也沒有自己的興趣愛好，這樣的人生又有何意義呢？反過來看，在年初時你制定了目標，到年底要賺夠五十萬元，用這筆錢帶家人外出旅遊，那你在這一年的工作與生活中，是不是幹勁十足？當年底你的帳戶餘額達到了你所設定的目標時，你是不是滿心歡喜，看什麼都覺得順眼呢？

這就是想像力帶來的效果，也只有大腦充滿了想像力，你才能為了達到某一目標而奮勇向前。說白了，也就是一個人只有具備了想像力，才會更富有熱情和創造力，因為敢想才會敢做。

有些人可能會這樣認為，與其讓不切實際的幻想破滅，還不如不要去想，因為想了也是白想，不僅傷神費力，還會在實現目標的過程中吃力不討好。但你知道嗎，一個沒有想像力的人，就如同行屍走肉，對什麼事物都提不起興趣，做一天和尚撞一天鐘，整

天抱著這樣的態度過日子，卻羨慕他人錦衣玉食光鮮亮麗的生活，又有何用呢？

只有想不到，沒有做不到，一件事，只要你想做、你敢做，就一定能做到。正所謂沒有不可能完成的事，只有不想完成事的人，你只有具備了敢想敢做的精神與態度，不管你遇到的事情大還是小，難還是易，你都能憑藉自己的信心與能力將它做好，並最終實現自己的目標。

提起日本的經營之神——松下幸之助，相信很多人都不會感到陌生。創業之初，松下是靠生產普通的電線插座闖入市場的，但由於產品效能單一，銷量並不是很好。沒過多久，他的事業就陷入了困境。

愁眉不展的松下，有一天吃過晚飯，決定出去散步，調節一下心情。路過一戶人家的窗戶時，卻不經意間見到了這樣一幕：

微弱的月光對映在窗戶上，一位媽媽正在熨燙衣服，可是孩子卻想看他心愛的漫畫書。但因為家裡的插頭只有一個，所以沒辦法同時滿足孩子的要求。

於是，孩子在一旁不停地吵鬧：「媽媽，妳快點忙完，我的書還沒看呢！」

媽媽溫柔地看了看孩子，說：「快了快了，馬上就弄好了。」

「半個小時前，妳就說好了，可是到現在都還沒有好。」

「乖，再等一下，媽媽就弄好了。」

「好吧，那我就再等一會。」

松下一邊散步一邊想：只有一個插頭，媽媽熨燙衣服，孩子就無法看書，實在是不方便。能不能研究出多用的插頭呢？想到這裡，松下立刻在腦海裡構思起了多用插頭的圖形。

想到不如做到，經過一段時間的製造生產後，這種多用插頭一投放市場就受到了人們的喜愛。隨著產品越來越受歡迎，松下陷入低迷的事業也逐漸得到了改善，公司營運也步入了正軌。

比知識更重要的是想像力，想像力是一盞照亮你前進方向的燈塔，在黑暗中為你帶來勇氣與希望，正如故事中的松下幸之助，不就是因為極具想像力的創新思維，替自己帶來了事業上的新希望嗎？每個人的思考方式不同，所以想像力也會有所不同，不同的想像力帶來不一樣的行動力，不一樣的行動力造就不一樣的結果。

愛因斯坦說：「想像力比知識更重要，因為知識是有限的，而想像力概括著世界的一

切，推動著進步。」大家可千萬不要小看了想像力，想像力是一個人思考能力的創新，一個人若沒有想像力，就好像鳥兒沒有了翅膀，是不可能具備探索和創新精神的。

可以說，想像力是開發一個人潛能的最好方法，一個人只有對一件事物充滿了想像，才會擁有實現目標的決心與勇氣，也只有具備這種思想意識，才能更好地執行計畫，將腦海中想像的事情逐一變成現實。

說到想像力，很多人就會聯想到魔術。因為魔術也是極具創造力的一種表演，如果你不大膽創新發揮自己的想像力，那麼你的魔術表演就沒有吸引力，就沒有觀眾願意去看、去欣賞，你的魔術表演又如何獲得成功呢？反之，你具備創新的想法，勇於發揮自己的想像力，你的表演才能引人入勝，成功地吸引觀眾的目光。這時，你就會發現，想像力會讓你的思維更開闊，更容易獲得成功。

拿破崙在領兵攻打歐洲之前，無數次憑藉自己的想像力在心中演練軍事作戰的策略，預測作戰中可能面臨的錯誤與不足，並以此來布防，所以他才能屢戰屢勝；美國旅館業巨擘，人稱旅店帝王的康拉德．希爾頓（Conrad Hilton），早在創業之前就經常將自己想像成旅館的經理，並一直朝著這一目標前進，最終他實現了夢想，將自己的旅館發展成連鎖企業，遍布世界各地。

諸如此類的成功人士還有很多，例如牛頓（Newton）由掉落的蘋果想到了萬有引力定律；瓦特（Watt）由爐灶上沸騰的水壺想到了蒸汽，進而發明了蒸汽機……這一切成功的收穫，都源於他們內心充滿了豐富的想像力。

雖然，想像力賦予人們創新的思維，促使人們在前進的道路上勇於創新突破自我，但值得注意的是，僅有天馬行空的想像力是不夠的，你還須將你的想像力付諸行動，這樣你才能更好、更快地實現自己的理想。也唯有展開想像的翅膀，你才能飛上更廣闊的天空，去尋找屬於自己的那一片天地。

打破成規，突破思維的瓶頸

有人曾經在一百名成人中做了一個問題測試，題目來自小學生課外讀物，結果出乎所有人的意料，這個幾乎所有孩子都能回答正確的問題，卻難住了很多的大人，在這一百個人當中只有兩個人答對了這個問題。這個問題是這樣的：

有一天，一位警察局局長與他人在路邊談事情，這個時候，一個小女孩急急忙忙地跑了過來，並焦急地對那位警察局局長說道：「快回家，你爸爸和我爸爸在我們家樓下吵架呢！」和警察局局長談話的人問局長：「這個孩子是誰啊？」警察局局長說：「這是我的女兒。」那麼，請問吵架的兩個人分別是局長和那個孩子的什麼人？

這個問題的答案其實很簡單，那個警察局局長是位女士，吵架的兩個人一個是孩子的爸爸，也就是局長的丈夫，而另一個人是局長的爸爸，那麼就應該是孩子的外公。如此簡單，為什麼還有那麼多人答錯呢？其實，是因為他們被「成規」局限，有了一種固定思維，認為警察局局長一定是位男士，而不可能是女士。如果他們能打破成規，突破慣性的思考，找到正確的思路，定能輕而易舉地回答出來。

事實上很多時候，人們就像在回答這個問題一樣，因為局限在慣性思維之中無法突破而找不到正確的方向。一個人的思維應該順應形勢的變化，墨守成規是永遠無法擺脫束縛的，更無法獲得創新思維。

在現實生活中，很多人總是墨守成規，不願意改變，他們害怕承擔改變後的風險，認為自己過去這樣做就很好，沒有必要改變什麼。他們習慣於過去的一種固定模式，這種心態是很可怕的。當遇到以前沒有出現過的重大危機時，他們依照舊例行事，用舊的方法處理，殊不知，舊方法有時是無法解決新問題的，由於不懂得變通，最終只能眼看著危機擴大而無解。

而有遠見有夢想的人總會不斷地突破思維的瓶頸，與時俱進，這樣的人常常更容易獲得成功。幾乎所有的成功者都有著一顆不安分的心，他們善於打破成規，突破傳統。

那麼，我們要如何打破成規，突破思維瓶頸呢？

摒棄陳舊的眼光，換個角度看待問題

摒棄陳舊的眼光，換個角度看待問題，你才能找到新的出路，收穫新的精彩。有這樣一個幾乎所有從事銷售工作的人都知道的故事：

曾經有兩個鞋廠，A廠和B廠，都想要開拓海外市場，於是各派出一名業務員去太平洋上的某個島嶼推銷自己的鞋子。

A廠的業務員剛剛到達那個小島，就發現當地竟然沒有一個人穿鞋，經過一番詢問之後才知道，原來這個島上的居民沒有穿鞋子的習慣。他很沮喪，準備打道回府，於是轉身

購買了第二天回程的機票，並告知公司，這個島上的所有居民都不穿鞋，這裡沒有市場。

而B廠的業務員剛到該小島時，同樣發現了當地人光腳走路的習慣。與A廠的業務員不同的是，他為此感到非常興奮，因為他認為這個島上的居民沒有一個人穿鞋子，有非常大的市場潛力。於是，他立刻請老闆寄一千雙鞋子到這個島上，很短的時間裡鞋子就售罄了。

B廠的業務員之所以能獲得成功，是因為他沒有被陳舊的眼光所束縛，從另一個角度看到了商機。

可見，當你在生活和工作中遇到困難和瓶頸的時候，應該跳出思維的局限，從另一個角度看待和分析問題，你的問題就會迎刃而解。

不過於依賴過去的經驗，要勇於創新

有很多人在接觸一件新的事物，或是要做自己不熟悉的事情時，常常會擔心自己做不好，沒有相關的經驗。要知道，經驗也不是萬能的，很多時候過去的經驗不能解決當前的問題。

《羊皮卷》（*The Scroll*）中對經驗的闡述也向我們傳遞著這樣的道理，它是這樣說的：「經驗確實能教給我們很多東西，只是這些需要花太多的時間，等到人們獲取智慧的時候，其價值已隨時間的流逝而減少。結果往往是這樣，經驗豐富了，人也餘生無多，經驗和時間有關，適合某一時代的行為，並不意味著在今天仍然行得通！」

曾經輝煌了一個多世紀的柯達正是因為故步自封、過度依賴過去的經驗，不善於創新，所以才會落得申請破產的下場。而它的競爭對手富士就懂得創新，積極適應時代的發展，找到了企業發展的新方向。

這個時代是快速發展的時代，是日新月異的時代，只有懂得在過去的經驗中「創新」，才能突破思維的瓶頸，才不會被時代淘汰。

不斷學習提升自身能力

能力是我們擺脫固定思維的基礎。一個人想要打破成規，找到創新的點子，如果沒有拓展思考的能力，也是無法實現的。所以，在日常生活和工作中，不斷地學習進步，提升自身的能力，才有打破成規、突破思維瓶頸的機會。

此外，我們還需要時常自省，克服自己思考上的惰性。因為很多人習慣性地墨守成規，常常是出於自己的惰性，只有克服了惰性，才會有想要打破成規、突破思維瓶頸的心。

人生如逆水行舟，不進則退

「落後就要挨打」，這一句話讓人記憶深刻，以前所謂的落後指的是和別人相比，沒有先進的技術，沒有學習新的知識，別人有，自己無，因此才落後。而現在的落後不是建立在與別人的對比之上，而是建立在自身的步伐之上，要知道，人生如逆水行舟，不進則退。

在這個激流勇進的時代，科技為人們的生活帶來了重大的改變，世界已經裝好了輪子，準備飛速前進，人們就像是被世界這艘快艇拖曳的小船，如果不拚盡全力，跟上快艇，就很有可能被激流沖走。

一位作家在書中寫道：「不進步，就是退步。」確實如此，世界上所有的人都在奮勇向前，如果你仍然慢吞吞地走或是原地踏步，你又怎麼跟得上時代的步伐呢？

然而，在現實生活中，這種「在停步中退步」的人不計其數，他們對自己的處境很知足，安於現狀，提前享受安逸的日子，躲在自己的舒適圈不肯出來。要知道，即使你前四十年一直在努力奮鬥，小有成就，也會因為你後四十年的停步不前而將之前努力的成果毀於一旦。為了避免這樣的事發生，你要拓展自己的格局，跳出「停步，不是退步」的思考模式，這就要求你在日常生活和工作中注意以下兩點：

要樹立危機意識

每個人都有惰性，都希望過安逸、舒適的生活，認為累了就應該停下來歇一歇。可是，一個人如果休息得太久，就會懶惰，會依賴休息時的舒適感。久而久之，你之前花許多精力和時間累積起來的能力、魄力、熱情和雄心就會被舒適感吞噬。

大家都知道「溫水煮青蛙」的故事，故事的結尾是，到最後青蛙都沒有掙扎著跳出來，直至死亡。其實，在現實生活中有許多像青蛙一樣處在溫水中的人，他們憑藉著前期的努力，或是好的家庭環境，或是穩定的工作，過著舒適、安逸的生活，不需要思考，沒有什麼壓力。

剛開始的時候也許還會有積極向上的想法，替自己樹立一個目標，朝著目標而奮

鬥。後來，當做到一定階段或是小有成就後，就變得滿足，停滯不前，不再去奮鬥，不再去打拚，每天就像例行公事一樣，只要有時間就滑滑手機，看看網路影片。

那麼，有人會說，追求安逸、舒適、穩定的生活難道有錯嗎？這就是我想要的生活方式。可是，在這個瞬息萬變的時代，會有絕對穩定、安逸的工作嗎？答案是否定的。要知道應對萬變的正確方式不是不變，而是變。只有讓自己不停地進步、不停地變更，才能保證自己跟得上時代的步伐。

現在的社會競爭越來越激烈了，人與人之間的競爭就好比兩個人後面有一隻餓極了的狼，你只有拚命地向前跑才能超越另一個人，才不至於變成餓狼的食物，成為競爭的優勝者。

因此，如果你想要在激烈的競爭中保住自己的位置，或是想要做得更好，就必須樹立危機意識，告訴自己，所有人都在努力，如果不前進，就會被別人超越，甚至被取代。

要勇於發起新的挑戰

孟子說：「生於憂患，死於安樂。」這句話告訴人們：人只有在惡劣的競爭環境中，才有憂患意識，才能不停地思考、奮鬥，才會想辦法改變現狀，獲得新的成長，未來才會過得更快樂、更幸福。

反之，安逸的環境只會讓人們失去競爭意識，失去進取心，使人們樂於享受現在的生活，慢慢地人們就忘記了自己的生存本領，最終被社會淘汰，再也享受不到安樂。

所以，要想不被社會淘汰，就不能安於現狀，而是要走出舒適圈，勇於向自己發起新的挑戰，讓自己在有壓力的環境中生存，這樣才能不斷地進步。幾乎所有的人都貪圖享樂，這是人性的弱點，要想獲得進步，首先要做的就是克服惰性，激發奮鬥的意識，而奮鬥意識，則需要依靠外界的壓力和內在的抗壓力才能完全激發出來。

當一個人在一個領域待的時間長了，就會對所從事的工作感到厭倦，感覺所有的事都是千篇一律的，做起事來就會有所懈怠，變得沒有熱情，沒有目標了。此時，如果你不主動向自己發起挑戰，不主動追求目標，那麼就很可能遭遇發展的瓶頸，或是待在舒適圈不再向前。

其實，這就好比問你，是願意當龍蝦還是願意當寄居蟹。龍蝦寧願冒著被大魚吃掉的風險也要脫掉舊的外殼，就是為了成長，為了讓自己的外殼變得更堅硬，為了在自然

界中更有競爭力。而寄居蟹則只會安於現狀，因此牠要不斷地尋找其他堅硬的安全屋，否則一不小心就會被吃掉。

如果你選擇當龍蝦，那麼就要逼迫自己不斷地成長，創造屬於自己的堅硬外殼，這樣到哪裡都不怕。如果你選擇當寄居蟹，那麼你的安全就由不得你自己，只能由環境來決定。

人生如逆水行舟，不進則退。為了不退步，你要讓自己適應有壓力的環境，勇敢地去做原本害怕的事，讓自己在壓力中成長，在壓力中進步，這樣才能使自己立於不敗之地。

要敢做，還要巧做

俗話說：「巧做能捕雄獅，蠻幹難捉蟋蟀。」這句話是在告訴人們：巧做和蠻幹是有區別的，做事要講究方式和方法，不僅要敢做，而且還要巧做。雖然巧做和蠻幹都建立在敢做的基礎之上，但是它們的方式卻不一樣。

現如今，敢做但是蠻幹的人屬於吃力不討好的類型，這樣的人每天都忙忙碌碌，除了做自己的事情外，還幫別人做事，可到最後不僅事情辦得沒有效率，而且也得不到別人的感謝，可謂是白白浪費力氣。

而敢做又巧做的人就比較受歡迎了，這樣的人每天輕輕鬆鬆就把自己的事做完了，不僅做得又快又好，而且還有時間幫助別人，他們知道怎樣才能更好地解決問題，所以不會走彎路，這一類型的人走到哪裡都會被人賞識。

因此，做事除了要敢做外，還要巧做，這樣做起事來才能事半功倍。然而，巧做絕不是一朝一夕就能做到的，需要人們結合自身的實際情況，掌握正確的事物發展規律，透過不斷的修練，才能找到最佳的方法，把事情做到更好。

長遠思考

有一個小村莊特別偏遠，所有的水源都來自村裡蓄水池中的雨水，在離村莊幾公里遠的地方還有一片湖泊，但是太遠，後來村民們一致決定出錢與村裡有實力的年輕人簽訂一份送水合約，方便村民用水。

村裡有兩個人都想簽下這份合約，一個是李力，一個是唐山。

李力為了簽到這份合約，每天起早摸黑，把幾公里外的湖水運到村裡的蓄水池中，保證村民的日常生活用水。因為李力非常勤奮，運水速度很快，所以蓄水池中的水每天都是滿滿的，很快，李力就得到了村民的認可，並開始收穫報酬。

可是唐山卻不一樣，他沒有像李力那樣每天去運水，而是得到消息後突然離開了村莊，大家都以為他放棄了這個機會。

其實唐山離開村莊，是因為他經過深思熟慮後做出了一份運水的商業計畫書，拿著商業計畫書的他經過兩個月的奔走，終於找到三個投資商。後來唐山在投資商的幫助下成立了一家送水公司。

接著，他帶著施工團隊經過一年的時間，在村莊幾公里外的湖泊裡安裝了送水管道，等整套送水系統安裝到位後，他開始為村民送水。因為送水系統送的水又乾淨又方便，所以村民們與唐山簽訂了長期的合作合約。

後來，唐山注意到其他村莊也有類似的缺水情況，經過考察後，他的送水系統也開始為其他村莊送水。幾年後，唐山憑藉著送水系統過上了富裕的生活，而李力卻因為體力不支無法為村民運水，依舊貧困度日。

俗話說：「磨刀不誤砍柴工。」說的正是這個道理。做任何事都要像案例中的唐山那樣從長遠的角度出發，不能蠻幹。要知道，如今的社會蠻幹是行不通的，只有運用頭腦，聰明地做事，才能把事情做得漂亮。

注重實效

現如今，越來越多的人注重時效，因為時間就是金錢，浪費時間會讓你錯過機會。所以，除了要敢做，還要注重實效，因為時效才是正確的道理。

現在許多大公司都提倡要員工聰明地工作，而不是死做、蠻幹，希望員工都能動腦筋，用更好的辦法解決問題，這樣才能提高工作效率。要知道，人的時間和精力都是有限的，如果要用有限的時間去做更多的事，那麼最好的辦法就是注重時效、縮短做事的時間。

眾所周知，物理學家的成功是離不開實驗的，有一位知名的物理學教授無意間發現自己的實驗室半夜亮著燈，他覺得很奇怪，於是走進實驗室，發現自己的學生正在做實驗。

他問學生：「這麼晚了，怎麼還不休息？為什麼晚上還在做實驗？白天在做什麼？」

學生回答說：「白天也在做實驗呀！」

聽到學生的回答後，教授說：「勤奮是好事，可是如果你白天和晚上都在做實驗，那麼你哪來的時間思考呢？」

確實如此，如果學生把所有的時間都用在了實驗上，那麼必然就沒有時間思考了。

因此，在日常生活和工作中，不能盲目地透支體力，而應該在該做事的時間做事，在該思考的時間思考，這樣才能勞逸結合，高效能做事。如果一味地蠻幹，只會讓自己在無盡的工作中變得越來越辛苦。

高調做事，低調做人

「高調做事，低調做人」這一生存法則放在哪裡都適用。這句話旨在告訴人們：平時做人要低調，因為樹大招風，如果與人相處的時候太過高調、高傲，那麼即使你幫助了別人也不會得到好評，更不會得到上司的重視。做事的時候，反而要高調，讓上司和同事了解你的勤奮和努力，這樣才不至於白白埋沒你的功勞。

王進是一家公司的新員工，平時為人相當低調，看起來也沒有什麼過人之處，過了一段時間後大家發現他比和他同期進公司的其他人更受歡迎，而且個人發展也更順利。這是因為他在日常工作中不僅敢做，而且做事非常有技巧。

比如，新員工自我介紹的時候，他第一個主動介紹自己，勇於發言，最後讓同事和主管留下了深刻的印象。後來，他在最短的時間內掌握了公司相關的資料和所有員工的資料，並且從來不會叫錯同事的名字和職稱。短短兩年後，王進就晉升為主任了。

由此可見，高調做事就是把每一件小事當成大事來做，做好後，也不要到處張揚。那些故意讓老闆看見自己加班，故意讓同事看見自己被老闆信任的行為就是不適宜的高調，是不會有效果的。

你眼中的世界，其實是你想要看到的世界

在本節開始之前，先來看一個笑話：

一名疲勞駕駛的司機，正駕駛著一輛貨車行駛在蜿蜒狹窄的山路上。當昏昏欲睡的

他快要開到山頂時，對面駛來一輛小車，在小車和貨車錯車的瞬間，小車司機減慢了速度，並指向自己的後方，對著貨車司機說：「豬！」然後就與貨車擦身而過。

原本昏昏沉沉的貨車司機突然反應過來，並想到了什麼，朝著已經離去的小車破口大罵：「你才是豬！你們全家都是豬！」剛罵完，回頭看向前方，才發現原來這個山坡到頂後直接就是下坡，更可怕的是有一群豬正在下坡的路上。此時，貨車司機才知道原來那個小車司機並不是在辱罵自己是「豬」，而是在提醒自己前方的路上有一群豬，但是當他反應過來時已經來不及煞車，為了避開那群豬，他直接把貨車開進了溝裡。

這個貨車司機誤把小車司機的善意提醒當做是在辱罵自己，才鬧出了笑話，也讓自己發生了車禍。其實，這個笑話也給了我們一個這樣的啟示，那就是很多人眼中世界僅僅是自己想看到的世界。

也就是說，在日常生活和工作中，很多人常常因為思維的局限性，只看得到自己心中的世界，他們眼中的世界是不完整、不完全真實的。同時，每個人因為家庭背景、成長經歷、職業以及接觸的社交圈的不同，所看到的世界也各不相同。

比如，一名服裝設計師在見到一個人的時候，首先看到的是這個人的衣著，並透過衣著的特點來判斷這個人的喜好；一名醫生在見到一個人的時候，首先看到的是這個人的面色以及精神狀態，以此來判斷這個人是否健康；一個愛美愛打扮的人在見到一個人時，首先看到的是這個人的打扮，以此來判斷這個人是否注重自己的儀容儀表……

總之，每個人都是從自己的職業角度或者興趣愛好等方面來看世界，眼中的世界是受思維局限的，是自己想要看到的世界。

事實上，人的大腦對自己所接收的外界資訊是有所選擇的，它會自動遮蔽那些自己不感興趣的或是不熟悉的資訊，而保留的是平時習慣性接收的資訊，這一小部分資訊就是我們眼中的世界。這就好像我們每個人在看待外部的人和事物時，都習慣性地啟動我們眼睛裡的「過濾器」，會自動過濾掉我們不想看到的內容。

但是，被自己的慣性思維所控制，只看到自己想看到的世界，很難有所成就。一個想要走向成功的人必須具備這樣幾個要素：首先，也是最重要的，就是需要具備開闊的思維和眼界。其次，需要具備人脈資源。然後，需要具備能力。最後是學歷和學識。

開闊的思維和眼界對於一個渴望成功的人何其重要。所以，在通往成功的路上，你必須學會打破思維的限制，開闊自己的眼界。那麼該怎麼做呢？

首先，你可以在日常生活和工作中多接觸一些新鮮的事物，增長自己的見識；其次，多探究一些時下流行的事物，並多與他人談論，聆聽他人的看法，試著從多個角度看待問題，而不是用自己的習慣性思維去理解問題，學著理解他人。再次，你可以廣交朋友，在人際關係中學習他人的思考模式，拓展自己的思維。最後，多看看書，多出去走走，也能開闊自己的眼界，拓展自己的思維，看到更廣闊的世界。總之，想要看到廣闊的、五彩繽紛的世界，就一定要拆掉思維裡的牆，打破慣性思維的束縛。

人的一生很短暫，想要在短暫的數十年過得精彩，就應該讓自己看到更大的世界，而不是局限在自己眼中的小世界中，這樣才會提升自己的格局，讓自己在人生的路上走得更遠。

走自己的路，讓別人去說吧

成長的青蔥歲月，每個人都懷揣夢想，在實現夢想的道路上披荊斬棘勇往直前。儘管這一路會經歷很多坎坷與挫折，甚至讓你無數次想要放棄，但轉念一想，不正是這些磨難才使你的人生精彩紛呈、引人注目嗎？

前行的道路上，每個人都會遇到形形色色的人，有的人立場不堅定、缺乏主見，容易受到他人的影響，在他人的阻撓聲中逐漸喪失自我，並最終影響自己的判斷與思考。其實，人生就像是一場旅行，在此過程中，每個人都要堅守自己的觀點與想法，不隨波逐流，你才能成為不一樣的你，最特別的你。如果你總是像一根牆頭草似的左右搖擺，你終將活在別人的影子裡，一輩子淪為他人的跟屁蟲，以至於到最後碌碌無為一事無成。

大千世界芸芸眾生，每個人都是與眾不同的。也正是因為這份不同，才促使你擁有了自己獨特的個性，成長為獨一無二的你。做自己不好嗎？為什麼你要在意他人的目光，總想要取悅他人呢？難道別人能代替你過好你的人生嗎？當然不能，自己的人生路還得自己走下去，沒有人能夠代替。不忘初心方得始終，你不必在乎他人的目光，只要自己認為是對的，就堅強勇敢地走下去，如此你的人生才能不留遺憾，過得開心快樂。

一位成功的名人企業家在做客某訪談節目分享成功經驗時，曾說過這樣一段話：「一個人做事時如果畏首畏尾，害怕他人提出反對意見，且缺乏主見輕易放棄，那麼他放棄的不僅是成功的機會，更是做人的原則。」不管做什麼事，你只有目標明確、堅持己見，

才能達到你想要的效果；不管外界的看法如何，也不管經歷的困難大小，至少你努力了、嘗試了，你就不會後悔。

生活中不乏一些隨波逐流的人，他們沒有主見，缺乏獨立思考的能力，往往是身邊的人說什麼他們就盲目地追隨什麼，他們忘卻了心中的理想與抱負，放棄了唾手可得的成功機會，過上了大眾希望的生活，到最後卻失去了自我，成了一個平庸的人，過著平凡的生活。

王嘉妮從小學業成績就特別好，雖然父母離異，家庭環境不是很好，但這並不影響她對學習的熱愛。靠著眾多親戚的幫助與獎學金的支持，嘉妮一路讀完了大學、研究所。

獲得這個成績，對於很多人來說，也算是有所成就了。工作一年後，恰逢公司有個出國留學的名額，熱愛讀書的她決定為自己爭取這個出國留學的機會，但卻遭到了親朋好友的一致反對。大家紛紛勸她：「女人讀那麼多書幹嘛，最終還不是要嫁人，再說了，等妳讀幾年回來，成功男士都被小女生挑走了，哪裡還有妳的份呀，搞不好妳還會變成『剩女』。」就這樣，在眾多親戚的反對聲中，嘉妮放棄了這個來之不易的機會。

最終，出國留學的機會落到了好友婷婷身上。無獨有偶，婷婷也遭遇了和嘉妮一樣的處境，只是她對眾人的反對一笑置之不予理會，堅持自己的想法。因為她深信：讀書不僅不會讓自己變成『剩女』，反而會讓自己增長閱歷與知識，開闊眼界和思維，更容易讓自己收穫成功與幸福。三年後，當婷婷學成歸來時，還帶回了自己的男朋友——國外一家著名上市企業的高階主管，而她也成了公司最為看重的人才。

看著昔日的好友如今過得這麼舒適與愜意，再看看自己高不成低不就的樣子，嘉妮的心中非常鬱悶，後悔自己當初不該聽從他人的勸解，放棄自己的理想與追求，以至於白白錯失了成功的機會。

現在的她終於明白了一個道理：不管何時何地，人還是得堅持自己的主見，遵循內心最真實的想法，這樣才不會悔恨終生。

看到嘉妮現在的處境，你是否感嘆堅持主見的重要性？其實你只要仔細觀察就會發現，盲從在生活中普遍存在：別人學瑜伽，你也要去練瑜伽；別人出國旅遊，你也要出國旅遊；別人買了個名牌包包，你寧願變成月光族也要跟著去買；別人幫孩子報個課外輔導班，你不顧孩子意願也跟著去報……

看起來，你似乎也是想成就更好的自己，但是，你有沒有思考過，跟著別人的步伐走，真的適合你嗎？真的就是你希望的樣子嗎？難道你需要依附他人才能生活嗎？如果你用他人的標準來評判自己，那麼你的命運將不再受自己的掌控。

因為盲目跟從會讓你失去人生的目標，會讓你缺乏主見，變得人云亦云，習慣性地以為走別人走過的路就一定是正確的。而你忽略了一個重要的事實，那就是走他人沒有走過的路，做他人不敢做的事，雖然歷經艱難卻更容易獲得成功。心若沒有棲息的地方，到哪裡都是在流浪，只有遵循內心需求，堅持己見，你才能活出真正的自我，才能收穫勝利的果實，享受豐收的喜悅。

一雙鞋，別人看著再怎麼光鮮亮麗，合不合腳只有穿的人知道。正所謂人各有志，每個人都有自己的需求與活法，適合別人的並不一定就適合自己。即使你再怎麼模仿，你還是你，一個影子、一個替代品而已。盲目地追隨別人，卻失去了自我，何必呢？

不盲從，才能更從容；不盲從，才能讓自己有主見，更出眾。你不需要刻意去迎合別人，也不需要盲目跟風去效仿別人，不管他人的眼光如何，你堅持做自己就好，只有適合自己的才是最好的。

走自己的路，讓別人去說吧！堅持自我，發揮優勢，創造價值，不斷超越自己，你才能活出自我，創造屬於自己的幸福。

走出舒適圈，拓寬視野

有很多人會被社交圈限制，畫「圈」為牢。社交圈就好像孫悟空頭上的緊箍咒，束縛著人的見識、心胸、思維和想像。因為社交圈的限制，很多人做事總是會覺得這樣做不行，那樣做也不規矩，他們習慣性地瞻前顧後、放不開手腳。

常常畫「圈」為牢將自己禁錮在某一個固定的社交圈的人，會自吹自擂，時間久了就不知道自己有幾斤幾兩，還會變得故步自封、不思進取。雖說「物以類聚，人以群分」的人際來往之道流行了數千年，但是在講求實效和利益的當今社會，卻有些過時。在當代社會，分工越來越細，很多時候圈內的力量並不足以助你達到目的，你常常需要藉助一些圈外的力量。

李嘉誠先生，相信大家不會陌生，在二〇一八年公布的全球富豪榜中，李嘉誠先生的淨資產達到三百四十九億美元，排在第二十三位。李嘉誠先生的成功，離不開他的才

能和吃苦耐勞的精神，更離不開他廣泛的人脈社交圈。他曾經這樣解釋公司被命名為「長江」的緣由，他說：「如果你不要支流，你就不能匯流成河。」公司之所以取名「長江」，是希望「長江」這兩個字能時刻警示自己不要忘記朋友和同伴的力量，自己的成功和「長江實業」的成功離不開朋友和同伴。

常常在外交新聞上聽到「求同存異，共同發展」，其實這八個字不僅是處理政治外交的一劑良藥，也是處理人際關係的良方。只有走出你原本的社交圈，才能看到更精彩的世界。

因此，人生在世不應該執念於一個固定的社交圈，而應該一次次地跳出社交圈走進另一個社交圈。只有克服自己的固定思維，不斷地依據自己的現狀和下一個目標尋找和發掘更好、更適合自己發展的社交圈，並主動融入這個新的社交圈，讓新的社交圈為自己所用，你才能不斷地進步，獲取更高一個層次的成功。

但是，在現實生活中，很多人因為惰性而不願意與時俱進，不願意跳出舒適、安逸的社交圈，他們只願做自己熟悉的事情，接觸自己熟悉的人，畫「圈」為牢，抱著把「牢底坐穿」的心態。他們甚至非常排斥任何改變，只願做井底之蛙。這樣的人只能過著十年如一日，甚至幾十年如一日的生活，沒有驚喜，沒有突破，也沒有未來，只能眼睜睜地看著他人成功。那些成功的人常常勇於挑戰，勇於跳出定勢，走出固有的社交圈，走進更好的、更利於自己的社交圈。

你應該鼓勵自己走出陳舊的小社交圈，積極開拓並融入更新更好的社交圈，這樣才能獲得更多幫助你完成夢想的人脈助力。

不畫「圈」為牢，走進你所需要的各種社交圈有以下幾點可以借鑑：

勇於走出安逸的社交圈

人都有好逸惡勞、安於現狀的本性，殊不知安逸的社交圈是失敗者的壁壘，是成功者的阻礙。渴望成功的人必須勇於走出安逸的社交圈，跨越這個障礙，才會迎接更多的挑戰，才能看到更廣闊的天空，才會離成功更近。

依據自己的實際情況和目標找對社交圈

要想開拓新的社交圈，必須根據自己的實際情況和目標去尋找。只有知道自己的目標是什麼，才不會像「無頭的蒼蠅」胡亂找社交圈，有了目標才有開拓社交圈的方向。

▼捨得為累積人脈付出，不吝嗇為走進社交圈投資

人脈的重要性不需要多說，想要走進自己需要的社交圈，就必須懂得「有捨有得」，只有願意為累積人脈投資，才能接近你需要的人脈資源，才有機會走進你所需要的社交圈。

條條大路通羅馬，不要自己把路走窄了

世上本沒有路，走的人多了也就成了路。站在人生的十字路口，哪條路才是真正適合你，為你的人生錦上添花的路？其實，條條大路通羅馬，不管哪條路都可以助你到達成功的彼岸，就算此路不通，你可以換一條路走，千萬不要用坐井觀天的思維把自己困在一條錯誤的路上，否則耽誤時間影響效率不說，還會因此而影響自己的前程。

有個知名大學畢業的大學生，在校時成績特別好，親朋好友都對他給予了厚望，認為他將來的前途不可限量。後來，他真的成了眾人眼中的成功典範，不過並不是在與他專業相關的領域，而是另闢蹊徑，在烘焙方面做出了成就。

原來，找工作屢屢碰壁的他，得知某個地方有家烘焙店急著轉讓，對這方面特別感興趣的他便把店面租了下來，自己當老闆做起了烘焙。很多人對他的行為不理解，認為堂堂一個知名大學畢業生去做這個，有點屈才。但他並不理會眾人異樣的眼光，而是用他誠懇待人的態度，嫻熟的烘焙技術，用心經營著他的烘焙店。慢慢地，他的店口碑越來越好，生意也越做越大，並接二連三地開了很多家連鎖店。

三百六十行，行行出狀元，成功的道路不只一條，你可以選擇一帆風順的平坦大道，或是彎彎曲曲的羊腸小道，當然，你也可以另闢蹊徑，走出一條適合你自己的路。

生活中，經常看到一些多才多藝足智多謀的人，具備了很多得天獨厚的條件與優勢，但他們卻並不成功，為什麼呢?有些人可能覺得是他們運氣不好或遇人不淑，但其實最根本的原因就是他們自我設限，自己把人生的路走窄了。

風雨過後會出現兩種人：一種人抬頭看天，映入眼簾的是雨後的彩虹與澄澈明淨的天空；一種人低頭看地，盡收眼底的是坑坑窪窪的積水與步履維艱的絕望。心境不同，眼裡看到的事物不同，腳下的路自然也就不同。千萬別做那種穿著皮鞋去爬山、穿著裙子去跑步的事，有時候不是生活打擊了你，而是你自己選錯了路。

每個人都渴望成功，渴望光鮮亮麗的生活，但通往成功的道路不只一條。條條大路通羅馬，不要自己把路走窄了。如果你不拓展自己的思路，不尋求其他的出路，將你的人生格局局限於此，那你未來的發展也就止步於此了，你的人生將毫無建樹。

很多人自身條件不錯，也擁有令人羨慕的很多優點，可是他們卻習慣於將自己局限在某一件事情上，認為自己只適合、只能從事這樣的工作，因此數年如一日將自己的角色定位於此，所以他們事業平平，沒有任何實質性的突破與進步；反之，只要你能別出心裁勇敢創新，你就會發現成功的道路並不只一條，換一條路走，照樣可以到達成功的彼岸。

周陽小時候由於家裡環境不太好，高中畢業之後就做起了啤酒業務員。在他看來，這份工作不僅賺錢，同時還可以長久做下去，所以他便將自己未來發展的重心放在了賣啤酒上。幾年後，身邊的朋友勸他轉行，可他卻說：「這幾年來，我一直賣啤酒，除了這個，其他什麼都不會。」並婉言謝絕了朋友的好意。

後來，隨著其他品牌的逐漸興起，他所銷售的啤酒品牌受到了嚴重的衝擊，業務越來越難做。愁眉不展的周陽不知道自己人生的方向在哪裡，接下來應該做什麼，因為這麼多年除了賣酒，對其他工作一竅不通。

某天，高中同學聚會。當同學們了解到周陽的境況後，都替他感到不值得，因為在他們看來，以周陽的交際、口才、組織這些方面的能力來說，他應該有更大的發展空間才對，是不應該局限於此的。同學們你一言，我一語，紛紛幫周陽出謀劃策，並給出了最實用最合適的意見。聽君一席話，勝讀十年書，同學們的建議讓周陽恍然大悟，拋棄了故步自封的想法，下定決心另尋出路。

聚會結束後，周陽決定辭職。找了一段時間工作後，他進了一家銷售公司，雖然業務不太熟練，但他虛心求教勤學好問，業務能力不斷提升，他的業績也是越來越好。他為公司帶來了可觀的收益，也讓自己的未來充滿了希望。

由此可見，一個人的目標大小對他的成功還是有一定影響的。所以，千萬不要替自己設限，把自己局限在狹小的社交圈裡，束縛自己的能力與發展。不管前方的道路如何艱難，你都應該勇敢地闖一闖，努力打拚一番，哪怕遇到很多阻礙，走不下去，你也可以尋求其他出路，看看哪一條路才是最適合自己的。這樣你才能欣賞到最美的風景，實現自己的人生目標。

很多人常常自我設限而不自知，他們往往抱著這樣的想法：自己的身分不能做這樣

的事；沒有這方面的能力與技能，肯定做不好。殊不知，你越是這樣自我設限，你就越是不想做、做不好，也正因為這種思想的存在，才造就了現在的大學生不願當基層人員、技術人才不願接受高難度的挑戰、企業高階主管不願主動與一般員工溝通……因為他們覺得，有些事做了有損自己的身分，會為自己帶來麻煩，所以，他們的路才會越走越窄，以至於到最後將自己逼進了死胡同。

一個人若想獲得成功，做出成績，就要懂得變通，懂得另闢蹊徑去尋找更多的出路，走最適合自己的路，唯有這樣，你才能發揮自己的特長，創造屬於自己的輝煌，演繹與眾不同的人生故事。

用合理的方法選擇朋友

那麼多名人的成功無不向我們展示著社交圈的重要性，努力地拓展社交圈，人生之路才會少些坎坷，多些助力，優質的社交圈是成功的必備條件。那麼到底怎樣才能成功地拓展優質的社交圈，累積更多的人脈資源呢？其實拓展社交圈是有章可循、有方法可以借鑑的。

拓展社交圈時不能盲目，應該明瞭自己的目標

一個人之所以要拓展社交圈，無非是為了自己的某種目的和需求。有的人拓展社交圈是為了彌補自己的缺點和不足，從而提高自己的能力；有的人拓展社交圈是為了激發自己的潛能，挖掘自己的優勢，並利用自己的優勢為自己創造價值；還有的人拓展社交圈是為了尋找到自己事業上的助力……不管拓展社交圈是為了什麼，都應該有明確的目標，不能像無頭的蒼蠅一樣盲目交友。

如果是為了彌補自己的缺點與不足而拓展社交圈，那麼你就應該先意識到自己的缺點和不足在哪裡；然後依據自己的缺點和不足，尋找能彌補你缺點和不足的人或社交圈，這樣才能在社交圈裡耳濡目染，最終有針對性地改掉自己的缺點、彌補自己的不足。比如，你是個性格焦躁的人，那麼你應該選擇與性格沉穩一些的人來往，接觸的社交圈的氛圍應該多為修身養性型的。

如果是為了激發自己的潛能、挖掘自己的優勢，那麼你就應該先了解自己對哪些方面比較感興趣；然後依據自己的興趣尋找與你興趣相投的人和社交圈，這樣你才能在那些社交圈裡不斷地提高自己的相關能力。比如，你喜歡寫作，可以多與一些作家接觸，

在與他們的互動過程中不斷地提高自己的文字功底。

如果想尋找自己事業上的助力，那麼你就應該想清楚你需要什麼樣的協助，是錢還是人才。如果你是需要錢，那麼就應該想辦法進入「富人」的社交圈，找到可以向你投資的人；如果是需要人才，那麼就應該與手握廣泛人脈資源的人打交道，在他們的幫助下找到你需要的人才。

總而言之，要依據自己需要幫助的類型有針對性地拓展社交圈。但需要注意的是，在尋找社交圈時，一定要擦亮自己的雙眼，因為有些社交圈不僅有可以向你提供幫助的人，還可能會有一些有「毒」的朋友，面對存在「毒」朋友的社交圈時，一定要慎重。

拓展社交圈時，一定要擺正心態，避免走向極端

當你有了拓展社交圈的方向和目標，明瞭自己應該進什麼樣的社交圈後，就應該擺正自己的心態。你要明白，想要進一個你需要的社交圈，就應該主動，而不是坐等別人來邀請你。

然而在現實生活中，很多人都過於清高，放不下面子去「迎合」那些和自己的生活步

調不太一致的人，他們覺得這樣是「巴結」，會在別人面前低人一等。實則不然，在競爭日益激烈的現代社會，人們更看重的是結果而非過程。無論你走過什麼樣的路，只要最後你成功了，你便是高人一等的人。

所以，不要覺得自己「巴結」別人會沒有面子，或是覺得自己沒有能力進入想要進去的社交圈，也不要在意他人對你的評價，而應該擺正自己的心態，主動為自己的需求結交朋友，拓展社交圈，這樣你才能成為站在巨人肩膀上的人，才能離成功更近一步。

不要限制自己的思維，局限於與自己相關的社交圈

有很多人在選擇朋友和社交圈的時候常常只看到符合自己需求的圈子，如與自己行業相關的社交圈或者與自己興趣相投的社交圈，對於那些與自己的生活或工作無關的社交圈常常視而不見。這種局限性的思維會導致這些人不願意接觸自己不熟悉的任何事物，常常會遠離自己不熟悉的社交圈，這樣是很不利於擴展廣泛的社交圈的。

所以，在拓展社交圈時，千萬不要限制自己的思維，把自己的目標局限於與自己的生活和工作相關的社交圈，而應該放開自己的眼界，積極主動地走出自己現有的圈子，開拓自己不熟悉的領域，拓展更多優質社交圈。

要腳踏實地，切不可急功近利

雖然說拓展社交圈是為了達到自己的目的，但是在過程中一定要腳踏實地，不能急功近利。比如，你剛剛接觸了一個新的朋友，還沒有深交就向對方提出了自己的目的和請求，這樣會讓對方覺得你不是一個真誠的人，與他接觸是有目的性的，原本想要與你深交的心會冷淡下來，將你推向友情之外。

此外，在拓展社交圈時，一定要付出真心，你只有真心地對待他人，他人才會把你當做知心朋友，才會給予你想要的協助。

透過合理的方法拓展的社交圈，才是真正的優質社交圈，才是能滿足你的需求、助你成功的社交圈，希望上述方法能夠助你進入對你有用的優質社交圈。

電子書購買

爽讀 APP

國家圖書館出版品預行編目資料

格局力！換個角度，創造人生新高度：吃虧是福、難得糊塗、不慍不怒，用創新思維挑戰常規，走出平庸舒適圈！ / 周高華 著 . -- 第一版 . -- 臺北市 : 崧燁文化事業有限公司 , 2024.02
面； 公分
POD 版
ISBN 978-626-357-963-7(平裝)
1.CST: 自我實現 2.CST: 成功法
177.2　　113000024

格局力！換個角度，創造人生新高度：吃虧是福、難得糊塗、不慍不怒，用創新思維挑戰常規，走出平庸舒適圈！

臉書

作　　者：周高華
發 行 人：黃振庭
出 版 者：崧燁文化事業有限公司
發 行 者：崧燁文化事業有限公司
E-mail：sonbookservice@gmail.com
粉 絲 頁：https://www.facebook.com/sonbookss/
網　　址：https://sonbook.net/
地　　址：台北市中正區重慶南路一段六十一號八樓 815 室
Rm. 815, 8F., No.61, Sec. 1, Chongqing S. Rd., Zhongzheng Dist., Taipei City 100, Taiwan
電　　話：(02) 2370-3310　　　　傳　　真：(02) 2388-1990
印　　刷：京峯數位服務有限公司
律師顧問：廣華律師事務所 張珮琦律師

定　　價：299 元
發行日期：2024 年 02 月第一版
◎本書以 POD 印製
Design Assets from Freepik.com